Coaching com PNL

PARA

LEIGOS®

Edição de Bolso

Coaching com PNL PARA LEIGOS®

Edição de Bolso

por Kate Burton

ALTA BOOKS
EDITORA
Rio de Janeiro, 2014

Coaching com PNL Para Leigos, Edição de Bolso
Copyright © 2014 da Starlin Alta Editora e Consultoria Eireli. ISBN: 978-85-7608-881-3

Impresso no Brasil — 1ª Edição, 2014

Produção Editorial
Editora Alta Books

Gerência Editorial
Anderson Vieira

Supervisão e Qualidade Editorial
Angel Cabeza
Sérgio de Souza

Design Editorial
Aurélio Corrêa

Captação e Contratação de Obras
Cristiane Santos
J. A. Rugeri
Marco Pace
autoria@altabooks.com.br

Vendas Atacado e Varejo
Daniele Fonseca
Viviane Paiva
comercial@altabooks.com.br

Marketing e Prom
Hannah Carriello
marketing@altabooks

Ouvidoria
ouvidoria@altabooks.c

Equipe Editorial
Auleriano Messias
Claudia Braga
Letícia Vitoria de Souza
Livia Brazil
Marcelo Vieira
Mayara Coelho
Milena Lepsch
Milena Souza
Natália Gonçalves
Raquel Ferreira
Rodrigo Araujo
Thiê Alves

Revisão Gramatical
Wendy Campos

Diagramação
Joyce Matos

Dados Internacionais de Catalogação na Publicação (CIP)

B974c Burton, Kate.
Coaching com PNL para leigos edição de bolso / por Kate Burton. – Rio de Janeiro, RJ : Alta Books, 2014.
256 p. : il. ; 17 cm. – (Para leigos)

Inclui apêndice.
Tradução de: Coching with NLP for dummies.
ISBN 978-85-7608-881-3

1. Assessoria empresarial. 2. Programação neurolinguística. 3. Assessoria pessoal. I. Título. II. Série.

CDU 658:159.96
CDD 158.1

Índice para catálogo sistemático:
1. Psicologia aplicada : Administração 658:159.96

(Bibliotecária responsável: Sabrina Leal Araujo – CRB 10/1507)

ALTA BOOKS
EDITORA

Rua Viúva Cláudio, 291 — Bairro Industrial do Jacaré
CEP: 20970-031 — Rio de Janeiro
Tels.: 21 3278-8069/8419 Fax: 21 3277-1253
www.altabooks.com.br — e-mail: altabooks@altabooks.com.br
www.facebook.com/altabooks — www.twitter.com/alta_books

Sobre a Autora

Kate Burton é *master coach* internacional de PNL, escritora e palestrante de workshops. Seu objetivo é oferecer a todos os seus clientes um espaço para se tornarem deliberadamente conscientes de como realmente querem viver e trabalhar e para fazerem as mudanças que desejam. Sua maior satisfação é conseguir ajudar as pessoas a impulsionarem suas motivações, autoconsciência e confiança.

A carreira profissional de Kate começou com a publicidade corporativa e marketing na Hewlett-Packard. Desde então, trabalhou em diferentes negócios, em diversas áreas de atividade e culturas ensinando pessoas a serem grandes comunicadores. O que ela mais ama é desenvolver programas personalizados. Seus workshops empresariais e *coaching* principais enfocam temas de liderança como *coach*, encorajamento da confiança através da mudança, energia, desempenho e potencial.

Coaching com PNL Para Leigos é seu quinto livro. Além de ser coautora de PNL Para Leigos e NLP Workbook For Dummies, com Romilla Ready, ela é coautora de Building Self-Confidence For Dummies, com Brinley Platts. Seu livro Live Life, Love Work foi publicado, em inglês, pela Capstone, com impressão da Wiley. Entre em contato com Kate através de seu site `www.katoburton.co.uk` *(conteúdo em inglês)*.

Agradecimentos

Quando a equipe da Wiley me propôs escrever *Coaching com PNL Para Leigos* (no original em inglês Coaching With NLP For Dummies), eu sabia que, mais uma vez, estava em boas mãos. Minha equipe editorial, comandada por Rachael e Brian, trabalhou com incrível cuidado e entusiasmo para aprimorar meus capítulos: eles naturalmente adotam um estilo de coaching, com seu questionamento eficiente e apoio atencioso.

O conteúdo deste livro é baseado em mais de uma década de aprendizado e prática da arte de *coaching* e PNL, construído ao longo de muitos anos de trabalho. Todos os meus professores na área de desenvolvimento pessoal têm meu agradecimento especial por sua sabedoria, incluindo muitos *coaches* com os quais tive contato ao longo dos anos. Sempre serei grata aos meus maravilhosos clientes pelas infinitas oportunidades de fazer o trabalho que amo e aprender com cada interação. Ao Bob e à família, o amor e apoio de vocês nos bastidores faz toda a diferença. E, finalmente, meu obrigado aos milhares de leitores que demonstraram seu reconhecimento ao comprar os livros. No anseio de que algumas das palavras nesta obra deixem sua marca, eu os deixo com uma citação de um companheiro de *coach*: “Nós nunca tocamos as pessoas tão de leve a ponto de não deixar vestígios”.

Sumário

Introdução

Coaching e Programação Neurolinguística (PNL) são excepcionalmente poderosos. Ao juntá-los você tem uma combinação vencedora. Então, bem-vindo ao *Coaching com PNL Para Leigos Edição de Bolso*, que acredito que acenderá seu entusiasmo para fazer um trabalho maravilhoso.

Vivemos em tempos incertos. Ninguém pode prever com precisão o que o desenvolvimento tecnológico dos dias de hoje, globalização, mudanças demográficas e climáticas significam para o amanhã, sem falar daqui a alguns anos. Não é de se surpreender que mais pessoas do que nunca estejam recorrendo a *coaches* no momento de transição de carreira para guiá-las pela vida em transições na carreira na tentativa de controlar seus destinos.

Sobre Este Livro

Coaching é uma parceria criativa entre duas pessoas que inspira um novo pensamento e conduz a mudanças.

Normalmente, no mundo do *coaching*, os *coaches* profissionais referem-se ao *coach* e ao *coachee* como as duas pessoas-chave no relacionamento e o *cliente* como a pessoa que controla o dinheiro em uma organização. Neste livro, eu deliberadamente escolhi a palavra alternativa *cliente* para a pessoa que está sendo treinada, a fim de dar a você uma distinção mais forte entre os dois atores-chave envolvidos.

Escrevi este livro para leitores interessados no papel de *coach*. No entanto, em cada exemplo, o *cliente* pode ser você, então, use os exercícios para treinar a si mesmo e os outros. Seja lá o que o tenha feito escolher este livro, você descobrirá mais sobre si mesmo e sobre os demais. Este livro é uma Edição de Bolso do Livro *Coaching com PNL para Leigos*.

Convenções Usadas Neste Livro

Para ajudá-lo a navegar através do livro, estabeleci algumas convenções:

- O texto em *itálico* é utilizado para enfatizar e destacar novas palavras ou os termos que vêm seguidos por seu significado.
- O texto em **negrito** é usado para indicar a parte da ação em listas de etapas.
- A fonte `courrier new` é usada para endereços de sites.
- Algumas vezes me refiro ao cliente e ao *coach* como *ele* e outras vezes como *ela*. Meu objetivo foi variar o gênero para dar uma representação justa ao longo do livro.

Só de Passagem

Os livros da *Para Leigos* são muito populares entre pessoas ocupadas e interessadas em obter o essencial de determinado assunto rapidamente; nós acreditamos que você pode apreender com rapidez o conhecimento contido entre esta capa amarela e preta. Com esta finalidade, você pode facilmente identificar o material que pode "só dar uma olhadinha". Esta informação é o material que, embora interessante e relacionado ao tópico em questão, não é essencial e inclui:

- **Textos nos *boxes*.** Os *boxes* são as caixas sombreadas que aparecem aqui e ali. Elas, em geral, compartilham histórias pessoais e observações.
- **A informação na página de direitos autorais.** Sem brincadeira. Você não encontrará nada de interessante ali, a menos que esteja inexplicavelmente enamorado da linguagem legal e de informações sobre impressão!

Penso que...

Penso – e corrija-me se eu estiver errada – que você:

- Quer aprimorar suas habilidades relacionadas a PNL.
- Precisa começar a trabalhar com seu *coaching* para lidar com problemas reais imediatamente.

- Sabe que pode se beneficiar com o *coaching*, assim como treinar a outros.
- Está empenhado em ser hábil e profissional em suas atividades de *coaching*.

Ícones Usados Neste Livro

Uma série de ícones orientam você ao longo do livro.

CASOS E CAUSOS: Este ícone conta experiências da vida real do *coaching* com PNL em ação. Apesar de baseado em clientes reais, os nomes das pessoas muitas vezes foram mudados, a menos que tenham me dado permissão para retratá-los no livro.

ALERTA DE JARGÃO DA PNL: Este ícone destaca uma terminologia de PNL que inicialmente pode soar como uma língua estrangeira, porém tem um significado preciso para um *coach* qualificado em PNL.

LEMBRE-SE: Este ícone é um lembrete carinhoso de pontos importantes a que se deve estar atento.

DICA: Mantenha os olhos neste alvo para receber sábios conselhos práticos.

EXPERIMENTE!: Este ícone sugere ideias e atividades para lhe dar ferramentas para *coaching* e alimento para pensar.

De Lá para Cá, Daqui para Lá

Pule direto para qualquer capítulo que quiser – a escolha é sua. Você não tem que ler o livro do início ao fim, embora possa querer dar uma olhada no Índice primeiro, para ver o que atrai seu interesse. Por exemplo, se estiver muito interessado em obter alguns ganhos rápidos, verifique os modelos no Capítulo 5. Ou, se está trabalhando com clientes com dificuldade em relacionamentos, você pode querer passar rapidamente para o Capítulo 12. O negócio é mergulhar de cabeça enquanto você constrói seu repertório de *coaching* baseado no que você já sabe e no que realmente lhe interessa.

Parte I

Introdução ao Coaching com PNL

A 5ª Onda Por Rich Tennant

"Vamos ver se nós podemos identificar alguns dos desencadeadores de estresse na sua vida. Você mencionou algo sobre um grande lobo que periodicamente aparece e sopra, tentando derrubar sua casa..."

Nesta parte...

Mostro o que torna o coaching com PNL diferente e por que tantas pessoas estão falando com tanto entusiasmo sobre esta abordagem. Desde conhecer o impacto que o coaching profissional cria até mergulhar nos fundamentos de PNL, você aprenderá a construir relacionamentos de coaching de confiança que extraiam o melhor de todos aqueles que prepara. Muito em breve, você estará preparado e ansioso para ir além dos problemas superficiais que os clientes falam inicialmente.

Capítulo 1

Combinando Coaching e PNL para Ótimos Resultados

Neste Capítulo

- Percebendo como o coaching e a PNL se conectam
- Considerando uma carreira em coaching
- Aperfeiçoando-se com a PNL
- Acessando o potencial para uma mudança poderosa

> *O indivíduo não nasce necessariamente com coragem, mas nasce com potencial. Sem coragem, não podemos praticar nenhuma outra virtude com consistência. Não podemos ser atenciosos, verdadeiros, compassivos, generosos ou honestos.*
>
> – Maya Angelou

Coaching – assim como viver uma vida autêntica com plenitude – envolve a coragem de ser honesto e verdadeiro consigo mesmo para atingir seu potencial. Bem-vindo a uma viagem de exploração que envolve dois mundos empolgantes, recompensadores e fascinantes: Coaching e PNL!

Como explico neste capítulo, Coaching e PNL *não* são a mesma coisa, ainda que formem uma bela dupla. Usando a base comum de atendimento ao cliente, a PNL e o coaching naturalmente se complementam.

As Diferenças Entre Coaching e PNL

As pessoas muitas vezes me perguntam qual é a diferença entre trabalhar com um coach e trabalhar com um profissional ou mestre de PNL. Utilizar um *coach* é buscar um relacionamento criativo e colaborativo que foca em uma mudança crescente e contínua. O coaching trabalha nos ajustes mais sutis para encorajar uma maneira diferente de pensar, ser e fazer. É mais provável que se contrate um profissional de PNL para uma sessão única ou para tratar um problema específico em torno de uma mudança pessoal. Um cliente de PNL pode experimentar um avanço notável em uma única sessão intensiva, enquanto o coaching tende a ter seus altos e baixos ao longo de uma série de sessões. Na verdade, uma sessão individual de coaching pode não parecer importante naquele momento, ainda que contribua para algum entendimento mais profundo a longo prazo.

Os *coaches* têm formação e escolas de treinamento muito diferentes. O que os destaca é a ausência de vínculos com determinada abordagem, eles estão sempre sedentos por conhecimento. Ser um coach requer olhar para si, fazendo um trabalho interior de autorreflexão e crescimento pessoal. Você precisa ser a vitrine dos serviços que oferece e investir em seu próprio coaching continuamente.

LEMBRE-SE

Coaching e PNL tomam caminhos diferentes para atingir o mesmo resultado final: levar os clientes a melhor condição física, emocional, mental e espititual. Ambas as disciplinas se dedicam aos desafios da autoconsciência e do relacionamento com os demais. Ao juntar a PNL e o coaching, você terá uma combinação poderosa para revelar todo o potencial inconsciente em cada ser humano.

A Carreira em Coaching

Coaching é uma profissão que está crescendo rápido e atraindo muito interesse tanto da área do desenvolvimento pessoal quanto do mundo dos negócios.

Ela se torna cada vez mais popular porque se dedica ao desafio de alcançar uma vida plena e realizada em um mundo complexo. Esta carreira explora a experiência individual ou de uma equipe a partir de dois ângulos – externo e interno – e os combina sinergicamente:

- A perspectiva externa observa o contexto em que alguém está agindo, seu comportamento e a comunicação com os outros.
- A perspectiva interna trata dos pensamentos, sentimentos e motivações de um indivíduo.

Os coaches são pessoas naturalmente curiosas, que escutam e questionam: até mesmo em férias, seus olhos e ouvidos estão sintonizados com o que acontece com todos ao seu redor. Como um engenheiro que gosta de descobrir como as máquinas funcionam, um coach vê outra pessoa como um conjunto de intrigantes partes engrenadas, algumas movendo-se suavemente, outras precisando de um óleo extra em pontos enferrujados.

Definindo o Coaching

Muitas pessoas e organizações definem *coaching*. Você provavelmente tem a sua definição sobre o que um *coach* faz. As seguintes são algumas das minhas favoritas:

- **Da International Coach Federation:** Coaching é ser parceiro dos clientes em um processo criativo e um provocador de pensamentos que os inspira a maximizar seu potencial pessoal e profissional.
- **Da Association for Coaching:** É um processo sistemático colaborativo, focado na solução, orientado para resultados, em que o coach facilita a melhora de desempenho de trabalho, da experiência de vida, do aprendizado autodirecionado e do crescimento pessoal do cliente.
- **De Tim Gallwey, autor de *O Jogo de Tênis Interior*:** Há sempre um jogo interior acontecendo em sua mente, não importa de que jogo externo você esteja participando. O quão consciente você está disso pode fazer toda a diferença entre o sucesso e o fracasso no jogo externo.

O trabalho de um coach é como o de um escultor que dá forma a um pedaço de mármore para revelar a força e a beleza de dentro da pessoa. Alcançar o resultado desejado demanda habilidade e sensibilidade. No entanto, no relacionamento de coaching, é o cliente que guia o escultor em como usar as ferramentas e onde ele deve bater para obter os melhores resultados, delimitando as áreas em que ele deve ou não "cutucar".

Buscando oportunidades

Os coaches profissionais ajudam clientes em diversos campos de atividade. Alguns tipos comuns de coaches incluem:

- ***Life* ou *personal coaches*** trabalham com clientes nas áreas em que eles querem que suas vidas sejam diferentes. Alguns clientes podem ter perdido sua motivação, seu gosto pela vida; outros apenas sabem que têm um sonho que querem que se torne realidade. Outros podem ter passado por desafios demais, de saúde e de relacionamentos, problemas financeiros e de família, e precisam de um coach independente para ajudá-los a retomarem o caminho certo.

  DICA

  Life ou *personal coaching* é o alicerce para outras áreas de coaching porque as pessoas não conseguem separar os problemas de carreira e os negócios do resto de suas vidas.

- ***Career coaches*** trabalham com clientes que querem mudar de emprego ou gerenciar suas carreiras. O *career coaching* muda o ponto de vista dos clientes para que deixem de esperar que sejam descobertos e passem a agir de modo mais proativo sobre suas carreiras.

- ***Business coaches*** trabalham com donos de negócios e gerentes em problemas relacionados ao trabalho.

  O benefício deste coaching reflete no sucesso do negócio por inteiro. Por exemplo, um diretor de empresa pode precisar de mais clareza e direção ou encarar desafios específicos em um aspecto das operações. O *business coaching* também é valioso para fortalecer o desempenho de equipes.

- ***Executive coaches*** trabalham com líderes e executivos de primeira linha, que muitas vezes estão assumindo um papel maior e precisam de um espaço confiável em que possam expressar as pressões que estão sofrendo, discutir futuras decisões e desenvolver suas abordagens de liderança. Os executivos mais antigos têm potencial para gerar enormes lucros ou empreender avanços para suas organizações, mas muitas vezes ninguém consegue falar francamente com eles. O retorno dos investimentos – quando executivos conversam com seus *coaches* sobre desafios-chave, esperanças, sonhos, medos inseguranças e, depois, trabalham para realizar todo o seu potencial – pode ser enorme.

LEMBRE-SE

Além de contratos de coaching formais, muitas pessoas tomam para si tarefas do tipo coaching, mesmo quando o nome coach não faz parte das funções descritas para seu trabalho. Desenvolver suas habilidades de coaching pode enriquecer muitos campos de atividades.

Identificando o potencial

O coaching envolve ampliar as fronteiras do potencial para assegurar que você seja o criador de suas próprias experiências positivas. Os mundos do esporte, das artes dramáticas e musicais já compreenderam há muito tempo que esportistas e artistas de primeira linha precisam de preparadores para aumentarem seu desempenho; o mundo dos negócios levou mais tempo para chegar a esta conclusão. Muitos consideram Tim Gallwey, coach norte-americano e autor de *O Jogo de Tênis Interior*, o "pai" do coaching. Em seu livro, Gallwey fala que o desempenho de uma pessoa é igual a seu potencial menos a interferência. Ele expressa o princípio com a seguinte equação:

D = p – i: Desempenho é igual a potencial menos interferência.

Como coach, você trabalha com os clientes para identificar, respeitar e transformar seus pontos de resistência, acabando com a interferência que os impede de ter um desempenho de acordo com todo o seu potencial.

Tim Gallwey trouxe os princípios dos jogos de mente interiores do mundo do tênis profissional e do treinamento de golfe para dentro do *business* – e do *life coaching*. Gallwey introduziu os conceitos de *Self 1* e *Self 2*, identificados nos padrões de pensamentos dos clientes quando era técnico de tênis.

- **O *Self 1*** é a voz crítica. Ela está constantemente lembrando ao *Self 2*: "Se mantenha firme!; Olhe aquela bola!; Seu oponente está prestes a bater de volta com força!; Oh, meu Deus, vire de lado!; Dê uma raquetada de volta, seu burro!; Você bateu a bola na rede!". O *Self 1* diz ao *Self 2* o que fazer, já que o *Self 2* é muito burro e precisa ser provocado para entrar em ação.
- **O *Self 2*** é o natural, talentoso, atento, uma inconsciente e competente máquina de **aprender**. Ele inclui a toda-poderosa mente inconsciente que nada esquece, tudo ouve e é brilhante e inteligente. A PNL reconhece que a mente inconsciente é incrivelmente poderosa.

A ajuda que Gallwey deu a seus jogadores de tênis foi no sentido de aquietarem o *Self 1* e dar ao *Self 2* liberdade para jogar. Ele, então, aplicou o mesmo princípio para o campo mais amplo do treinamento de coach, com a sugestão: saia do caminho do cliente. Coaching não é dizer como, mas permitir que os recursos naturais dos clientes resplandeçam ao convidá-los a explorarem suas experiências.

Em uma forte relação de coaching, você encontra alguém que realmente acredita e aprova você, sua identidade e sua contribuição para o mundo em termos de missão e propósito.

O *trainer* e promotor de PNL Robert Dilts fala sobre o *Coaching com C maiúsculo*. O Capítulo 5 aborda o clássico modelo de Níveis Lógicos de Dilts, que considera a experiência do cliente em seis níveis:

- O ambiente no qual o cliente melhor opera.
- Os comportamentos que sustentam a excelência.
- As capacidades e habilidades desenvolvidas.
- As crenças e valores que o inspiram.

- O senso de identidade que parece autêntico.
- O propósito que orienta sua direção.

O coaching comportamental opera nos três níveis mais baixos do ambiente, ou seja, no comportamento, nas capacidades e nas habilidades – todos os itens a que Dilts referência se refere como um coaching de C minúsculo. Para atingir um potencial no relacionamento de coaching, você precisa cuidar de todos os seis níveis.

Reconhecendo as fronteiras entre a terapia e a consultoria

Definir algo sutil é muitas vezes mais fácil quando conseguimos estabelecer aquilo que ele não é, ao invés de tentar definir aquilo que ele é, para depois observar as distinções. *Coaching* não é terapia nem consultoria, ainda que existam áreas onde ambos se conectem, particularmente em um momento em que mais e mais terapeutas e consultores estão passando a prestar serviços de *coaching*.

- A **Terapia** funciona através de experiências emocionais problemáticas, normalmente, a partir de uma abordagem lenta que vai descascando as camadas de emoção até desvendar e, depois, transformar um desconforto persistente. Em geral, os pacientes de terapia não sabem do que se trata sua dor e precisam de um espaço muito seguro para investigá-la. Eles podem ter comportamentos e experiências depressivas, com vícios, imprevisíveis, abusivos ou obsessivos. Podem ter dificuldades para estabelecerem vínculos emocionais. A terapia fornece uma abordagem curativa e terapêutica de profissionais qualificados e sob supervisão.

  A superposição entre coaching e terapia tende a ocorrer no ponto em que os clientes estão estressados, oprimidos ou sofreram um revés pessoal e precisam de um coach que tenha meios suficientes para conseguir lidar com uma área emocionalmente carregada com confiança e que conheça os limites de suas capacidades. Coaches treinados com PNL possuem algumas ferramentas para solucionar certos problemas emocionais, incluindo medos e fobias mas, a menos que tenham qualificação específica, eles não são terapeutas.

- **Consultoria** é uma área de aconselhamento para solução de problemas onde o consultor trabalha com os problemas dos clientes, ajudando-os a encontrar as soluções apropriadas. Bons consultores escutam e fazem perguntas perspicazes e são procurados para dar respostas práticas a problemas. Normalmente, consultores têm uma ampla e relevante experiência pessoal na área.

  Muitos consultores de negócios independentes se intitulam coaches, ainda que normalmente mais instruam e ofereçam informações do que façam perguntas e permitam que os clientes encontrem suas próprias respostas.

- ***Mentoring* ou Mentoreamento** envolve alguém que dá conselhos, ajuda e orienta com base em sua experiência pessoal e que pode ajudar com novos contatos. As fronteiras entre *coaching* e *mentoring* podem, algumas vezes, tornar-se confusas quando um coach é contratado porque ele tem experiência nos problemas que um cliente quer resolver.

  O mentor ideal trabalha com seus clientes em um estilo de coaching que permite que eles desenvolvam suas próprias habilidades de acordo com seus talentos e interesses naturais, ao invés de reproduzirem a abordagem do mentor. Mentores podem agir como poderosos modelos de excelência, e o *mentoring* pode acontecer de forma espontânea, sem qualquer contrato formal ou recompensa financeira, basta encontrar alguém que lhe possa ser útil.

Na posição de coach posso dizer algo como: "Eu ouvi que você quer escrever. Fale-me, sobre sua disposição para isso". Apenas as minhas indagações de coaching fazem com que suas motivações, paixões e propósitos sejam acessadas. Ao mudar para o modo de *mentoring*, eu poderia dizer: "Você precisa desenvolver uma proposta convincente e submeter a um editor. Ela deve ser assim". Minha abordagem de mentora direciona o cliente para um caminho específico baseado em minhas experiências pessoais como escritora.

LEMBRE-SE

O *Mentoring* e a Consultoria em geral partem do princípio de que as respostas estão com o especialista externo; no *coaching* entende-se que o cliente é o *expert*.

Começando com a PNL

A *Programação Neurolinguística* (PNL) é definida como o estudo da estrutura da experiência subjetiva, ou simplesmente como uma forma de psicologia cotidiana. Um excelente sinal de sua adequação para o coaching começa pelo nome, Programação Neurolinguística, onde:

- **Neuro** se refere aos processos de pensamento.
- **Linguística** investiga a estrutura da linguagem.
- **Programação** trata de padrões e sequências de ações.

Em resumo, a PNL trata de pensamentos, palavras e ação – todos aspectos absolutamente essenciais a serem considerados em qualquer sessão ou programa de coaching.

Na PNL, você separa o *conteúdo* daquilo que está acontecendo da *estrutura*. Esta distinção é inestimável para um coach, pois possibilita que você vá além e adiante o que está além da superfície das palavras em uma conversa de coaching.

Um coach de PNL solicita a Max que pense:

- Quais podem ser os olhares, sons e sentimentos dele e do público nas diferentes etapas?
- Que experiência Max gostaria que seu discurso provocasse em outras pessoas-chave, e o que ele gostaria que elas comentassem após o evento?
- Como Max pode mudar o estado emocional das pessoas em pontos específicos de seu discurso – por exemplo, alterando de curiosidade para surpresa, depois para diversão e descontração, simplesmente se comportando de forma diferente?
- Qual é o estado emocional do próprio Max sobre fazer o discurso? Em que ponto ele é mais confiante e em qual ele pode ter dificuldades?
- Que recursos irão ajudá-lo a fazer o discurso usando todo o seu potencial?
- Como Max prefere contar as histórias – transmitindo o panorama geral ou os pormenores?

Com a PNL, ao invés de permanecer na primeira pessoa e em seu próprio mundo, você desenvolve a capacidade de captar diferentes perspectivas. Você assume um segundo ponto de vista e imagina como é experimentar o mundo no lugar de outra pessoa ou grupo de pessoas. Assume, também, um terceiro ponto de vista e observa o mundo a partir da perspectiva de um observador independente.

A valorização da estrutura

Quer esteja trabalhando com um cliente em uma sessão única ou por determinado período, a interação se alterna através de três estágios, desde o começo, meio e até o fim:

- A **Apresentação** é o aquecimento, é quando vocês se conhecem, constróem harmonia, depositam confiança, estabelecem expectativas e definem a pauta para o relacionamento. Isso é conhecido como a *preparação*.
- **Trabalho de Mudança** é o recheio do sanduíche, é quando o trabalho acontece e as pessoas são mudadas pela experiência. Em uma sessão de PNL, o trabalho de mudança pode ser uma intervenção em particular, como a cura de uma fobia ou a integração de partes.

  Em coaching, o questionamento e o escutar muitas vezes leva o cliente a uma nova consciência. Fazer o "trabalho de mudança" é saber quais são as mensagens principais do discurso a ser feito e como promover a interação entre o padrinho e os convidados do casamento.
- O **Fechamento** é a conclusão: o planejamento de ação e a responsabilidade são devolvidos ao cliente para que leve o aprendizado para casa. A parte do fechamento de qualquer interação precisa ser planejada, assim o cliente nunca fica se sentindo pressionado ou enganado.

Apoiando-se em uma estrutura forte que realmente funciona

A PNL existe desde meados dos anos de 1970 e continua a ganhar força com os milhares de cursos oferecidos ao redor do mundo. John Grinder e Richard Bander, criadores da PNL, resolveram estudar as habilidades de comunicação dos principais terapeutas de sua época e desenvolveram alguns modelos e ideias chaves através de suas pesquisas na Universidade da Califórnia, em Santa Cruz.

- ***Rapport.*** Construir um relacionamento com outros e consigo mesmo é a premissa fundamental da PNL e uma importante dádiva para coaching. Por exemplo, um desafio-chave para muitos clientes é como dizer "não" a um pedido ou discordar de outra pessoa mantendo, ao mesmo tempo, o rapport.
- **Percepção sensorial.** À medida que você reconhece o quão poderosos são seus filtros sensoriais, pode aplicar suas aptidões naturais de visão, som, tato, sentimentos, paladar e olfato em seu benefício.
- **Pensamento de resultados.** A pergunta fundamental em coaching com PNL é "O que você quer?". Os coaches dirigem a atenção dos clientes para aquilo que eles querem que seja diferente através do coaching. A PNL se concentra fortemente em resultados futuros para levar as pessoas a tomarem as melhores decisões e a explorar novas possibilidades.
- **Flexibilidade comportamental.** O desejo das pessoas pelo coaching aumenta quando sua atual atitude não está funcionando tão bem: eles alcançaram algum tipo de bloqueio ou resistência. A PNL adota a hipótese de trabalho de que a pessoa mais flexível em qualquer sistema consegue os melhores resultados – aquela que faz experiências com novas ideias e formas de execução.

Recorrendo a ferramentas e modelos para mudança

Além de uma estrutura global poderosa e flexível, a PNL também oferece uma abundância de modelos-chave que você pode rapidamente incorporar nas intervenções de coaching. As ferramentas e modelos de PNL a seguir aparecem ao longo do livro:

- As **Pressuposições da PNL** são suposições que estabelecem uma poderosa estrutura mental para o coaching.

- O **Modelo SCORE** é um dos modelos de ganho rápido. Pense nele para assegurar que seu coaching não perambule a esmo na narração de histórias ou perca a direção.
- O **Modelo dos Níveis Lógicos** de alinhamento e mudança, desenvolvido pelo guia de PNL Robert Dilts. Este alinhamento diz respeito a encontrar um senso de propósito nas atividades cotidianas.
- Os **Sistemas de Representação** exploram maneiras individuais de representar suas experiências sensoriais.
- O **Modelo Meta**, um dos modelos de linguagem originais de PNL, com suas explicações sobre os filtros de distorção, anulação e generalização, é valioso para obter informações específicas sobre um problema de coaching.
- Os **Resultados Bem Formados** são os instrumentos fundamentais da fixação de metas.
- Os **Metaprogramas** são alguns dos filtros mentais inconscientes que dizem ao que você presta atenção, como processa a informação e como a comunica aos outros.
- O coaching eficiente implica desvendar as **estratégias** de seus clientes, a sequência de seus padrões de pensamento.
- Quando os clientes conseguem **copiar a excelência**, eles conseguem rapidamente processar a mudança, tirando o máximo dos exemplos dos outros.
- As **Posições Perceptuais** é a habilidade de se imaginar no lugar de outra pessoa ou assumir a perspectiva de um observador independente sobre um problema.
- O **processo de luto e perda** é um instrumento útil para clientes com lutos ou perdas não resolvidos.
- As **linhas de tempo** ajudam a trabalhar no aqui e agora, a progredir em direção ao futuro e reconhecer o impacto das experiências passadas.
- As submodalidades ajudam a alterar um sistema de crenças já estabelecido, uma tarefa desafiadora em coaching.

- **Âncora** é uma técnica clássica de PNL para administrar estados emocionais.
- **Integração de partes e *ressignificação*** é uma técnica mais avançada para resolver problemas de conflitos internos e tensões entre necessidades e demandas diferentes.

Adquirindo o Hábito de Sonhar

O mundo de hoje é tão pragmático e crítico, que o tempo para sonhar acaba ficando restrito. Reserve um tempo para sair do processo de pensamento lógico e cognitivo e crie um senso de amplitude que você possa explorar com criatividade.

EXPERIMENTE!

Vá até um lugar onde possa deixar sua imaginação correr solta.

Neste momento tranquilo, comece a praticar o hábito do *autocoaching*. Considere os contextos onde quer desenvolver suas habilidades e serviços de coaching. Pergunte a si mesmo:

- Em que setores, organizações ou ambientes quero oferecer meus serviços de coaching? Que lugares ou tipos de pessoas lhe passam pela cabeça?
- Sobre o que estou curioso para aprender mais neste momento?
- Qual é meu sonho de coaching?
- O que seria um resultado maravilhoso para mim?
- Que diferença farei para os outros caso me torne o coach que imagino?

DICA

Encontre uma pergunta que gostaria de responder a si mesmo enquanto lê outras partes de *Coaching com PNL Para Leigos*. Resuma esta pergunta em uma palavra e guarde em um lugar seguro para lembrá-lo de seu sonho. Se preferir, registre uma imagem, um perfume, gosto ou som que possa levá-lo até ela durante a leitura dos outros capítulos deste livro.

Capítulo 2

Reunindo as Habilidades Essenciais de PNL

Neste Capítulo

- Desenvolvendo o rapport rapidamente
- Preparando a mente para um coaching dinâmico
- Conhecendo: dois modelos fundamentais da linguagem de PNL
- Reproduzindo o sucesso dos outros

Quando ouvimos o termo *PNL* ou *Programação Neurolinguística* pela primeira vez, podemos pensar que se trata de um pacote de *software* ou um sistema operacional. De certa forma, é isso mesmo: explorar a PNL é como descobrir um sistema operacional humano. Mas debaixo de todo seu jargão, a PNL oferece uma abordagem sensata para entender como as pessoas pensam, falam e agem – uma que se aplica a todos os aspectos e estilos de vida.

Coaches por todo o mundo usam a PNL para ajudar seus clientes a conseguirem os resultados que desejam – seja no mundo dos negócios, da educação, da saúde, governamental e em muitos outros. Mais importante ainda, a PNL pode ser usada para melhorar qualquer área da sua vida ou de outras pessoas.

Aumentando o Rapport

Rapport é uma habilidade fundamental em relacionamentos, e a eficiência de seu coaching depende da qualidade de seu relacionamento com os clientes. Estabelecer um bom rapport no início de uma série de sessões de coaching, coloca você no caminho para o sucesso. Um bom rapport significa estar altamente sensível aos humores e respostas de seus clientes; além de ser extremamente desafiador, ele faz com que você mesmo e seus clientes atinjam níveis notáveis.

DICA

Estabelecer as bases para o rapport começa antes mesmo do primeiro encontro. Observe como um novo cliente se comunica por telefone ou e-mail e responda comportando-se de maneira similar. Por exemplo, em uma simples comunicação por e-mail, você pode reproduzir o tamanho e o estilo das mensagens, incluindo o nível de familiaridade. Da mesma forma, quando conversar ao telefone, seja sensível à energia de quem está ligando e tente combinar com ela. Veja o Capítulo 12 para saber mais sobre como ajustar seu estilo de comunicação para construir rapport.

Compassando e conduzindo

Se quiser convencer qualquer pessoa sobre seu ponto de vista, tome nota do conceito de PNL de *compassar* e *conduzir*. Primeiro é preciso entrar no ritmo das pessoas, ouvindo e prestando atenção de onde estão vindo antes de tentar direcioná-las ao seu modo de pensar. A PNL o aconselha a compassar, compassar e compassar novamente antes de tentar conduzir. Este conselho se traduz em ouvir, ouvir e ouvir um pouco mais antes de falar. Lembre-se do motivo pelo qual temos dois ouvidos e uma boca!

Sintonizando com a comunicação não verbal

Quando você adquire o hábito de se estar plenamente consciente da respiração, da linguagem corporal e dos níveis de energia de seu cliente, obtém informações cruciais que ele não está compartilhando, como por exemplo assuntos que evita discutir– exatamente os lugares em que o trabalho real de coaching ocorre.

EXPERIMENTE!

Utilize a técnica a seguir para estabelecer rapport rapidamente.

1. **Observe o comportamento da outra pessoa**

   Em especial, preste atenção ao:

   - Modo como a pessoa usa o corpo. Como ela senta, caminha, levanta e gesticula?
   - Modo como a outra pessoa respira. Ela respira com o corpo inteiro, incluindo o abdômen, ou a respiração é tensa e restrita à área do pescoço e do peito?

- Ritmo e os níveis de energia da outra pessoa. A pessoa se movimenta devagar ou rápido? É inquieta ou relaxada?
- Som da voz e a velocidade da fala.

2. Deliberadamente *combine* e *espelhe* a outra pessoa

Escolha um ou mais atributos observados no primeiro passo e *combine* e *espelhe*. O rapport pode parecer mais fácil depois que conseguir ajustar alguns atributos.

3. Verifique se você tem um senso de rapport

A prova de fogo do rapport é entrar em descompasso com a outra pessoa e observar se ela segue sua liderança, adotando o seu estilo de comportamento. Por exemplo, se levanta um pouquinho a voz ou fica mais animado, a outra pessoa segue você? Se não, volte e continue *combinando* e *espelhando* a outra pessoa.

Há uma linha tênue entre combinar e fazer mímica. As pessoas ficam naturalmente desconfortáveis se percebem alguma falta de sinceridade nos outros.

Flexibilizando seu estilo de comunicação

Um dos quatro princípios essenciais da PNL, a flexibilidade comportamental afirma que a pessoa mais flexível é a que vence. A PNL supõe que a responsabilidade pelo sucesso de qualquer comunicação é do remetente e não do receptor da mensagem.

A PNL presta atenção ao estilo preferido ou ao *sistema representacional* dos diferentes indivíduos. Identificar o sistema representacional de outra pessoa envolve ouvir *como* a pessoa fala – não apenas o que ela diz – para se conectar mais facilmente e permitir que sua mensagem seja ouvida.

Os sistemas representacionais descrevem os diferentes canais pelos quais os códigos de informação humanos internamente se conectam aos sentidos. Os principais canais são o visual, o auditivo e o cinestésico (conhecidos como VAC, abreviadamente) e referem-se à visão, audição e sensações ou tato. Os *predicados* são palavras de especificidade sensorial que dão pistas sobre as preferências de uma pessoa. A Tabela

2-1 traz alguns exemplos de palavras e expressões de especificidade sensorial que seus clientes podem utilizar:

Tabela 2-1 Palavras e Expressões de VAC

Visual	*Auditivo*	*Cinestésico*
Brilhante, em branco, colorido, turvo, foco, gráfico, iluminado, percepção, luminoso, perspectiva, visão	Argumentar, perguntar, surdo, discutir, alto, harmonia, melodia, franco, pergunta, repercutir, dizer, gritar, berrar, cantar, contar, tom, proferir, vocal, grito	Frio, salto, empolgante, sentir, firme, fluir, aperto, movimento, insistente, sólido, estalo, toque, pisar, peso
Parece que...	Soa como...	A sensação é de...
Um vislumbre da realidade	Se você diz	Nós remodelamos o trabalho
Focamos nos nossos interesses	Escutei isso dos próprios lábios dele	Movimentando-se através
Esta é uma nova forma de ver o mundo	Quem está dando o tom?	Toca mais fundo
Agora olhe aqui	Alto e claro	Compreender
Isso é nítido	É importante me perguntar	Pegar o jeito
Um colírio para os olhos	Palavra por palavra	Encher o saco
Mostre-me o que você quer dizer	Estamos na mesma sintonia	Sólido como uma rocha
Visão de túnel	Sintonize nisto	Dê um passo de cada vez
Parece como...	Música para meus ouvidos	Dirigindo uma organização
Que dia luminoso	Isso soa....	Sob pressão

Desenvolva seu senso de linguagem com a atividade a seguir:

1. **Construa sua própria lista de palavras e expressões de VAC que ouve na comunicação do dia a dia.**

   Comece com os exemplos da Tabela 2-1 e adicione outros que ouve em conversas e observa em documentos escritos.

2. **Escute as palavras-chave que seus clientes de coaching usam para perceber se você consegue identificar alguma forte preferência pela linguagem visual, auditiva ou cinestésica.**

3. **À medida que se familiariza com os sistemas representacionais, adapte seu próprio estilo para combiná-lo com o de seus diversos clientes.**

   Formule perguntas para atingir os sistemas representacionais dos clientes. Por exemplo, para combinar com um cliente visual:

   Cliente: Não posso *ver* aonde eu estou indo.

   Coach: *Descreva* o seu objetivo.

   Para combinar com um cliente auditivo:

   Cliente: Não *escuto* nada de bom vindo da minha equipe.

   Coach: O que *soaria* bom para você?

   Para combinar com um cliente cinestésico:

   Cliente: Não posso *lidar* com isso.

   Coach: Como você se *sente* em relação a isso?

Conectando-se com a pessoa por inteiro

Ao conhecer seus clientes pela primeira vez, você os encontra em um contexto específico da vida ou do trabalho deles.

- Se o coaching acontece em um cenário de negócios, você atende seus clientes no escritório ou no local de trabalho e até pode observá-los interagindo com os colegas, embora não tenha a menor ideia de como eles são com suas famílias.

- Se está trabalhando como life coaching, pode ser que nunca veja o aspecto profissional de seu cliente.

É claro, as pessoas são muito mais do que se observa nas sessões de coaching. Elas se adaptam de acordo com o ambiente, e parte do seu desafio como coach é formar uma noção da pessoa como um todo, para que possa trazer à tona o maior potencial de seu cliente.

Seja curioso sobre o modo de pensar, sentir e agir de seus clientes em diferentes contextos. Ao descobrir onde eles já estão extraindo o melhor de si, explore este contexto e, depois, *mapeie* aspectos específicos para ajudá-los a serem os melhores em outras áreas.

Considere um cliente que você quer entender melhor e, então, coloque-se no lugar dele. Use as perguntas a seguir para construir sua própria noção de como seria estar no lugar desta pessoa. Pergunte a si mesmo:

- Como seria uma rotina diária típica para esta pessoa?
- O que a motiva a se levantar da cama de manhã?
- Como ela gasta seu tempo?
- Quais são as pressões que ela sofre de outras pessoas?
- Quem a apoia?
- Como esta pessoa cuida de si mesma fisicamente, através de dieta e exercícios?
- Como ela relaxa?
- O que é importante para esta pessoa?
- O que ela acredita ser verdadeiro?

Se você estiver se tornando envolvido demais na situação de um cliente, algo está acontecendo para desencadear algum problema que você precisa trabalhar. A supervisão de coaching possibilita que você recue de seus esforços para assegurar que esteja trabalhando de uma forma saudável tanto para o coach quanto para o cliente.

Trabalhando com Algumas Pressuposições Essenciais da PNL

A PNL oferece um conjunto de princípios de orientação ou suposições práticas conhecidas como *pressuposições*. Este tópico trata de três delas, particularmente importantes para prepará-lo para um coaching poderoso:

- O mapa não é o território.
- As pessoas são mais do que seus comportamentos.
- As pessoas são dotadas de habilidades.

Quando adota esses preceitos, você muda sua perspectiva de uma forma que o torna um agente mais efetivo de mudança em relação a seus clientes. Não precisa compartilhar esses conceitos com eles, mas os tenha em mente como princípios de orientação.

O mapa não é o território

Você já deve ter ouvido a expressão "o mapa não é o território"; esta premissa fundamental de PNL vem do trabalho de Alfred Korzybski, um cientista norte-americano de ascendência polonesa. As pessoas criam as próprias realidades com base em sua experiência de vida, crenças, valores e memórias. As palavras que usam descrevem sua *percepção* da realidade, não a realidade em si.

O mapa é a percepção, enquanto o território é a realidade. Por exemplo, Scott, que gostaria de ter um novo relacionamento, pode até pensar: "Eu já estou velho demais para encontros e, de qualquer forma, todas as garotas respeitáveis já estão casadas antes dos 35 anos.". Este é o mapa do mundo de Scott, baseado em sua experiência. Contudo, isso não é necessariamente verdade: este mapa pode ser muito limitado, porque ele não esteve nos melhores lugares para encontrar sua alma gêmea. O território real possui muitos mais parceiros em potencial do que o limitado mapa do mundo de Scott.

Normalmente, os clientes vêm para o coaching porque sentem que precisam ajustar seus mapas. Perceber que os mapas do mundo de seus clientes são diferentes do seu, aguça sua curiosidade em saber quais são estas diferenças. Onde estes mapas são úteis a eles? Onde são pequenos demais ou incompletos? Você também pode estimular seus clientes a prestarem atenção aos mapas de outras pessoas para desenvolverem seus próprios.

As pessoas são mais do que seu comportamento

Os seres humanos são capazes de assumir uma extraordinária gama de comportamentos. Em casos extremos, podem ser cidadãos modelo e criminosos ao mesmo tempo. A maioria das pessoas exibe uma série de comportamentos, alguns são úteis para elas e outros não. Os coaches precisam reconhecer as qualidades de uma pessoa sem julgamentos.

A PNL pressupõe que o mal comportamento em determinado contexto não faz com que a pessoa seja intrinsecamente ruim. Separar o *comportamento* da *pessoa* é extremamente importante para ser um bom coach. As pessoas podem se comportar mal quando não têm os recursos internos ou a capacidade para agir de forma diferente em uma situação em particular. Talvez elas estejam em um ambiente com modelos de exemplo inúteis, ainda que não saibam disso naquele momento.

DICA

Quando alguém fala sobre si de uma maneira crítica *em relação à identidade*, é possível neutralizar este criticismo reconhecendo-o em um nível comportamental. Por exemplo:

- Se um cliente diz, "Eu sou um alcoólatra", você pode dizer: "Você é alguém que tem o hábito de beber".
- Se o cliente diz "Eu sou um gordo preguiçoso", você pode responder: "Você é alguém que tem uns quilos a mais".
- Se um cliente diz: "Eu sou um pai (ou uma mãe) inútil", você pode afirmar: "Você é alguém que ainda não encontrou a melhor maneira de amparar esta criança".

Quando os clientes têm comportamentos que não os beneficiam, a PNL pode ajudar desmembrando estes comportamentos em pequenas sequências de estratégias manejáveis. Como coach, você pode trabalhar com os clientes para identificar qualquer aspecto específico da estratégia que possa ser beneficiada por um replanejamento. Por exemplo:

- Uma cliente que persistentemente trabalha demais, pode descobrir o gatilho que a faz continuar trabalhando em vez de fazer uma pausa. Quando ela estiver consciente do fator que desencadeia o comportamento, perceberá o que está acontecendo e terá a oportunidade de mudar, em vez de perpetuar o hábito.
- Uma cliente que nunca consegue ir para a academia pode se beneficiar com a introdução de uma sub-rotina que dispare o novo comportamento que ela deseja.

As pessoas são dotadas de habilidades

A PNL considera que as pessoas já possuem todos os recursos (tais como a resiliência mental ou a capacidade de aprender ou de encontrar pessoas que possam lhe servir de exemplos a serem seguidos) de que precisam para empreenderem as mudanças que desejam. Mais que isso, as pessoas não são incapazes: elas apenas podem experimentar um *estado* de incapacidade em um momento específico. O coaching não tem o objetivo de consertar alguém. Em vez disso, ele ajuda seus clientes a sairem das situações com seus próprios meios e a reconhecerem suas habilidades.

Em PNL, *estado* é a condição de emoção interna de um indivíduo: preocupado, feliz, confuso, alegre, e assim por diante.

Se tem um cliente que prefere olhar a vida passar, encolhendo-se tentando parecer menor do que é, planeje um desafio para retirá-lo de sua zona de conforto (se não tiver nenhum cliente em mente, desafie a si mesmo). Elabore um desafio relacionado ao contexto em que está aplicando o coaching. Alguns exemplos de desafios incluem:

- Sair sozinho de férias ou em uma aventura.
- Submeter uma proposta para um projeto.
- Ligar para uma pessoa que ele acredita que não queira falar com ele.
- Organizar um evento e distribuir panfletos com convites pela vizinhança.
- Fazer dez visitas surpresa todas as tardes da próxima semana.

LEMBRE-SE

Seu cliente pode rejeitar todas as suas sugestões mas mesmo assim continue criando desafios ainda maiores é nunca antes imaginados para ele. A coisa mais importante é fazê-lo pensar em maneiras de se expandir.

Além da Superfície

Coaching envolve ir além das questões superficiais para descobrir o que realmente está acontecendo com seu cliente. Na PNL, a mudança acontece quando você explora valores, crenças, propósito e identidade – e as várias ferramentas neste livro o ajudam a investigar tudo isso.

Em seus seminários e artigos, o *trainer* de PNL Robert Dilts, com frequência cita o físico Niels Bohr, que identificou dois tipos de verdade: a verdade superficial e a verdade profunda. De acordo com Bohr: "em uma verdade superficial, o oposto é falso. Em uma verdade profunda, o oposto também é verdade".

Sua cabeça ainda está girando? Pense nesta distinção da seguinte forma: uma verdade superficial é do tipo: "John é amigo de todo mundo". Uma verdade mais profunda é como: "John também é capaz de fazer inimigos".

LEMBRE-SE

As pessoas são complexas e capazes de uma enorme gama de comportamentos. A PNL pretende chegar à verdade profunda de seus clientes reconhecendo tanto o lado sombrio da vida quanto o iluminado. O lado sombrio pode fazer com que as pessoas ajam mal, ao mesmo tempo que o iluminado pode operar milagres. Depois que as pessoas despertam para uma verdade tão profunda, elas podem escolher onde focar suas energias – para o bem ou para o mal, para a luz ou para a escuridão.

Desvendando o significado da linguagem: dois modelos essenciais

Nos programas de PNL, os participantes trabalham com dois modelos principais de linguagem, o modelo Milton e o Metamodelo, que Richard Bandler e John Grinder elaboraram, tendo como base os seus estudos sobre grandes terapeutas. Cada modelo descreve os padrões específicos de linguagem observados por eles. que estavam curiosos sobre como algumas pessoas se sobressaiam em produzir mudanças em seus clientes e descobrirem que excelentes habilidades de comunicação eram baseadas não em um, mas em vários modelos.

Para um coach, ambos os modelos oferecem lições na adaptação de sua linguagem para uma melhor comunicação com seus clientes. Com base nos seus mapas de mundo individuais, as pessoas naturalmente filtram a linguagem através de três processos essenciais:

- Apagando informações.
- Fazendo generalizações.
- Distorcendo informações.

O Metamodelo

O Metamodelo procura superar a ambiguidade. Seu valor para o coach está no desafio das limitações do potencial de um cliente. Este modelo aborda a linguagem por meio da formulação de perguntas que reúnem informações mais específicas sobre o que está faltando na comunicação.

Um exemplo de Metamodelo na prática pode ser você dizendo algo do tipo: "Eu tenho um cliente difícil agora". A menos que você me dê mais detalhes ou eu lhe faça perguntas para reunir informações, tenho um mapa incompleto de sua experiência e posso inventar o resto da história. Para superar a falta de detalhamento, as perguntas a serem feitas podem ser.

- O que, especificamente, é difícil no seu cliente?
- Quem é o cliente difícil?
- Este cliente será difícil mais tarde ou somente agora?

O Modelo Milton

Em contraste com o Metamodelo, o Modelo Milton aborda a linguagem a partir da direção oposta, transformando informações específicas em vagas. Ele se baseia em fazer afirmações generalizadas que são difíceis de um cliente discordar.

Um exemplo do Modelo Milton na prática pode ser algo do tipo: "Tenho uma cliente da ABC que está me deixando louco, porque eles ficam remarcando compromissos e não pagam suas despesas há três meses". Uma resposta no Modelo Milton seria trocar o específico por um mais ambíguo:

- "É isso mesmo. Às vezes, as pessoas são desafiadoras."
- "Você vai resolver isto no seu devido tempo, você sabe."

O objetivo do Modelo Milton é colocar os clientes em um leve transe, onde possam acessar seus recursos inconscientes mudando o foco do detalhe específico para uma estrutura maior.

John Grinder e Richard Bandler criaram o Modelo Milton através da cuidadosa análise dos padrões de linguagem do grande hipnoterapeuta Milton Erickson. Mestre de narração de histórias, Milton transmitia suas mensagens terapêuticas através de suas palavras e padrões de discurso a clientes com sérios problemas. Metáforas e narração de histórias podem ser maneiras muito poderosas de distrair as mentes conscientes de clientes que podem estar presas em suas próprias histórias.

Jogando com as dimensões do tempo

As pessoas muitas vezes chegam ao coaching com dificuldades em relação ao tempo, em especial executivos ou pais maníacos com vidas ocupadas e muitas responsabilidades. Eles dizem que estão procurando "administrar o tempo" – claramente uma meta impossível!

O tempo – e a forma como as pessoas o organizam – é fundamental para a estrutura da experiência de mundo de alguém. Os clientes diferem tremendamente no modo como percebem, estruturam e reagem ao tempo. Estas preferências afetam a capacidade deles de serem pontuais, planejarem, estarem dispostos a escutar e a agir.

Linhas de tempo são ótimas ferramentas para o coach e para o cliente. Ao criar e explorar linhas de tempo em sessões de coaching, você identifica se seus clientes "trabalham":

- **No tempo.** Estas pessoas vivem *no* e *para* o momento. Consequentemente, elas podem ter dificuldades para planejar eventos futuros.
- **Através do tempo.** Estas pessoas têm uma visão imparcial do tempo ou parecem apenas o observar passando. Elas podem pôr a vida em suspenso até algum tempo no futuro e não aproveitarem o momento.
- **Em combinação.** Quando as pessoas são capazes de variar entre estar "no tempo" e "através do tempo", elas conseguem o melhor de dois mundos distintos. Elas apreciam a espontaneidade da realidade atual e podem planejar o futuro. Como coach, você precisa de ambos: dançar no momento ao mesmo tempo em que apoia os planos de vida de seus clientes.

Para aqueles que lutam contra o tempo, a questão não é simplesmente espremer mais atividades em suas agendas ocupadas, mas sim fixar prioridades, o que começa com o exame de valores. Quando você sabe o que é mais importante para si e para seu cliente, pode partir na direção certa.

Reconhecendo o ganho secundário

Os clientes adoram que a mudança seja fácil, o que se torna possível quando eles reconhecem o *ganho secundário* de um comportamento. A PNL considera que todos os comportamentos, até mesmo aqueles muito ruins, têm algum tipo de resultado positivo para uma pessoa. Quando consegue aceitar este princípio, está no caminho para alcançar a verdade mais profunda sobre o comportamento não desejado e, assim, propor novas estratégias. O coach de PNL procura revelar e reconhecer o ganho secundário que mantém o cliente preso ao comportamento.

Sharon fumou como uma chaminé durante toda a sua vida. Mesmo tendo perdido uma melhor amiga, Sue, para o câncer de pulmão, ela continuou a fumar. Quando questionada sobre o que ganhava fumando, num primeiro momento ela só conseguiu listar as coisas negativas, tais como o acometimento regular de bronquite e o medo do câncer. Quando seu coach a provocou, ela apareceu com uma lista de vantagens que incluíam:

- Tempo longe de seus filhos malcriados.
- Uma pausa longe da minha mesa.
- Fofocar com os colegas.
- O contato com os amigos no barzinho.

O que mais a surpreendeu foi que ela também recordou o prazer da convivência com sua amiga recém-falecida e disse que se sentia mais conectada com Sue quando as duas fumavam. Sua coach trabalhou com ela no sentido de encontrar maneiras alternativas em que ela pudesse conseguir suprir todas estas necessidades positivas sem fumar.

O exercício a seguir propõe um coaching para evitar uma conduta não desejada. Exemplos do que se deve focar incluem hábitos inúteis tais como: adiar afazeres, ser impaciente ou ficar acordado até tarde. Pergunte e responda as seguintes questões, em ordem:

1. Quais são as coisas positivas que este comportamento está fazendo por você?
2. O que mais você consegue fazendo isso? (continue fazendo esta pergunta até que tenha certeza de ter uma lista completa de todas as coisas que obtém deste comportamento.)
3. Quais destes benefícios você quer manter?
4. De que outras formas você pode satisfazer cada uma das necessidades positivas identificadas?

Imitando o Sucesso

A arte de construir modelos é o centro da PNL, e aprender sobre a construção deles oferece um caminho rápido para desenvolver novas formas de se comportar e ser. A PNL parte da premissa que as pessoas podem aprender muito mais rápido ao encontrarem modelos de excelência. Afinal, se alguém já teve êxito fazendo alguma coisa, por que perder tempo reinventando a roda? Em vez disso, encontre alguém que já trilhou o caminho que você quer seguir.

Encontrando e seguindo exemplos

A construção de modelos começa quando seu cliente tem resultados claros em mente e consegue identificar um *exemplo*, a pessoa de quem ele pode aprender diversas estratégias. Quanto mais específicos os clientes são acerca de uma habilidade tangível, mais fácil se torna construir o modelo de alguém. Pense sobre isso: seguir o exemplo de alguém que sabe consertar o chuveiro ou que coordena um evento de caridade é provavelmente mais fácil do que o de alguém que sabe como ser feliz.

O filósofo da Antiguidade Sócrates é um excelente exemplo a ser seguido por coaches, com sua célebre frase: "Só sei é que nada sei". Ao assumir "não saber nada", você, como coach, permanece curioso e aberto a descobrir mais do que para ensinar.

EXPERIMENTE!

Comece a inserir questões sobre a construção de modelos em suas conversas de coaching quando os clientes estiverem prontos para trabalhar no "como" dos comportamentos que querem mudar, ou das habilidades que queiram desenvolver. Pergunte a seus clientes: "Quem você conhece que já conquistou a habilidade que você quer aprender?"; "Em quem você pode se espelhar?" Encoraje-os a escolher modelos em diferentes ambientes e atividades.

Mudando para a competência inconsciente

Coaching e crescimento pessoal caminham de mãos dadas. Seus clientes podem descobrir mais sobre si mesmos, sobre como se relacionam com os outros e o que verdadeiramente querem de suas vidas de modo que possam tomar atitudes a cada sessão. O coaching cria a responsabilidade no cliente em fazer as coisas de uma maneira diferente e, assim, realizar mais. E, como coach, você pode aprender algo novo de cada cliente com quem trabalhar.

LEMBRE-SE

A conquista nem sempre têm a ver com atingir grandes objetivos: ela pode ser simplesmente mudar a atitude de alguém em relação a vida. Em geral, isso significa dar-lhe tempo para pensar e apreciar o momento de uma forma relaxada.

Ao acompanhar seus clientes em suas jornadas de coaching, eles naturalmente passam por quatro etapas de aprendizado; a PNL as identifica como:

- **Inconscientemente incompetente.** Os clientes não sabem o que não sabem. Neste ponto, eles agem no escuro. Você está estimulando-os a reduzir este ponto cego.
- **Conscientemente incompetente.** Depois que os clientes começam a prestar atenção, percebem o quanto não sabem. Neste ponto, eles podem se sentir vulneráveis; os coaches devem acrescentar reforços e estímulos positivos dos pontos fortes do cliente e do compromisso com o aprendizado.
- **Conscientemente competente.** Os clientes sabem o que estão fazendo, apesar de ainda recorrerem a anotações e listas. Os coaches devem ajudar estes clientes a continuarem praticando até que atinjam a etapa final.
- **Inconscientemente competente.** Os clientes atuam de acordo com o novo comportamento naturalmente, sem pensarem sobre isso de maneira consciente. Aqui, o cliente se sente capacitado e o coach fez seu trabalho.

Sua jornada como coach naturalmente caminha por estas etapas também. Depois que você percebe que alcançou a fase inconscientemente competente em alguma área, de repente descobre uma nova onde tem muito a aprender. Esta é a alegria do coaching! À medida que suas habilidades aumentam, você se torna um modelo de excelência para novatos e continua a buscar novos modelos com os quais possa aprender.

Passando da confusão para harmonia

Todo mundo passa por períodos de confusão: faz parte da condição humana. A PNL considera a confusão um estado poderoso de transição. De repente, você está consciente de que alguma coisa está errada e quer uma resposta. Sua busca começou!

O hipnoterapeuta Milton Erickson desenvolveu uma técnica usando a confusão para deliberadamente pôr os clientes em um transe. Ele jogava com a ambiguidade das palavras, utilizando perguntas e estados que incluíam palavras que soavam iguais e tinham significados diferentes tais como sexta e cesta.

A confusão se transforma em um tipo de desordem ou falta de clareza. Ela interrompe seus processos de pensamento normais e leva você a uma fase de mudança. Tudo isso faz da confusão uma ótima inspiração para o coaching.

Matthew se mudou de um trabalho em um banco para uma função de contabilidade no campo das entidades sem fins lucrativos, trabalhando para uma pequena instituição de caridade internacional: pensou que seria um local mais amistoso para se trabalhar do que um banco. Ele sempre teve um pouco de problema com enxaquecas mas, depois de dois meses no novo emprego, ele já estava sofrendo severos ataques semanais.

Através do trabalho com um coach de PNL, ele percebeu que as enxaquecas pioraram por causa da disputa interna dentro da organização. Matthew valorizava o atendimento aos clientes, uma administração financeira sólida e queria fazer a diferença para os beneficiários da instituição de caridade. No entanto, percebeu que o diretor da entidade era uma pessoa falsa, mais preocupado em conseguir que seus funcionários trabalhassem em atividades insignificantes que impulsionassem a sua própria carreira. O chefe tinha uma reputação de indispor todos a sua volta. O choque de valores pessoais estava aparecendo como sintomas físicos para Matthew.

Com seu coach, Matthew trabalhou para desafiar o chefe no sentido de rever a prioridade dos projetos. Somente então ele sentiu que o trabalho que estava fazendo proporcionava algo de valor para os beneficiários, e suas enxaquecas diminuíram.

Capítulo 3

Desenvolvendo Suas Alianças em Coaching

Neste Capítulo

- Começando muito bem o relacionamento coach-cliente
- Estabelecendo confiança e segurança em suas sessões de coaching
- Avaliando e aprimorando suas habilidades profissionais
- Reconhecendo as qualidades que fazem um grande coach

Coaches normalmente descrevem o coaching como uma *aliança projetada*, um relacionamento dinâmico entre duas pessoas – o coach e o cliente – que se comunicam fluentemente entre si.

Este capítulo se concentra em proporcionar o melhor começo possível para o relacionamento coach-cliente através da construção da confiança. Falo sobre as quatro áreas essenciais de competências que qualquer profissional de coach precisa para oferecer em uma aliança de coaching e, então, exploro outras qualidades que um coach pode trazer para fortalecer a aliança.

Definindo a Aliança Cliente-Coach

Coaching demanda confiança, respeito e integridade entre os participantes – qualidades que sustentam todas as fortes alianças (analiso o processo de construção da confiança no tópico seguinte). Entretanto, o relacionamento de coaching tem algumas características únicas.

Pense na arte de coaching como uma dança a dois. Quando os parceiros de dança estão em perfeito rapport, ela é suave e agradável. O rapport entre eles é palpável. Da mesma forma, quando há um forte relacionamento de coaching, o trabalho se torna fácil. O cliente desfruta da melhor oportunidade de conseguir os resultados desejados, enquanto o coach se deleita na satisfação de fazer o trabalho que ama. Sem esta química no relacionamento, ambas as partes ficam frustradas.

LEMBRE-SE

O sucesso do coaching vem tanto do cliente quanto do coach, ainda que muitas vezes o cliente nunca tenha participado de um coaching antes e seja novato na construção deste tipo de relacionamento. Consequentemente, o coach toma a liderança na dança, pelo menos inicialmente, até que o cliente se familiarize com a dinâmica da aliança.

Desde o princípio, invista tempo e energia para que se conheçam. Também reconheça a necessidade de usar de tentativa e erro para que tanto você quanto seu cliente estejam abertos a descobertas. Nunca é possível saber de imediato como alguém "funciona", a menos que ambos deem feedback um ao outro.

À medida que o coaching progride, cada sessão é construída com base na anterior, desenvolvendo e aprofundando o relacionamento. A familiaridade também traz seus desafios. Coach e cliente podem se tornar "amigos demais" ou se prenderem a uma determinada rotina de trabalho. Como qualquer relacionamento, este pode se desgastar com padrões inúteis.

DICA

Planeje revisar regularmente seus relacionamentos com os clientes para que a aliança de coaching possa continuar a dar a seus clientes o que eles precisam. *Feedback* é uma parte essencial da melhor prática de coaching.

Em intervalos regulares, faça revisões com seus clientes para desenvolver a aliança. Faça perguntas básicas, tais como:

- Como o coaching está funcionando?
- Do que você precisa mais?
- Do que precisa menos?
- O que podemos fazer melhor ou de maneira diferente?

Escute as respostas de seus clientes e trabalhe com eles para formular planos de ação para ajustar o ritmo das próximas sessões.

Por exemplo, eles podem querer que o coaching seja um momento tranquilo, reflexivo, ou preferir um ritmo mais ágil. Eles podem querer fazer um *brainstorm* de ideias ou usar este tempo como um espaço para pensar em voz alta. Alguns tipos de perguntas funcionam melhor que outras para mudar a forma de pensar. O tempo gasto desenvolvendo o relacionamento cliente-coach é incrivelmente valioso para o sucesso da experiência como um todo.

Construindo Relacionamentos de Confiança

Confiança é algo difícil de ser definido em qualquer tipo de relacionamento. Ela envolve qualidades como:

- Segurança – ser capaz de contar com a outra pessoa para fazer o que prometeu.
- Confiança na honestidade da outra pessoa.
- Merecimento – um senso de valorização mútua e de si mesmo.

Construir confiança leva tempo. Em situações de vendas, por exemplo, a sabedoria popular diz que é necessário contatar um cliente em potencial sete vezes antes que ele compre de você. Então, não é de surpreender que muitas conexões de coaching venham de recomendações "boca a boca"; sua reputação como um coach de confiança vai sempre lhe preceder.

Mantendo o sigilo

Dizer que confidencialidade é um ingrediente essencial no estabelecimento de um relacionamento de coaching pode ser óbvio, mas seus clientes precisam se sentir extremamente seguros em suas mãos. Renove a confiança deles neste fato nos primeiros minutos de suas primeiras sessões e lembre-se de que segurança é uma necessidade humana fundamental.

Considere o que o *confidencial* realmente significa para você se colocando no lugar de seus clientes. O que você quer de um coach? Veja alguns exemplos para construir a confiança em qualquer relacionamento:

- Ambas as partes precisam conhecer as fronteiras do relacionamento. Como coach, você não está agindo como um amigo ou consultor?
- Ambas as partes precisam concordar com os termos contratuais sobre o modo como trabalham juntos, incluindo a forma de pagamento, a programação e o local para os encontros.
- O cliente deve se sentir completamente seguro para compartilhar informações de uma maneira honesta com você.

Alguns clientes são naturalmente bastante abertos, enquanto outros são extremamente reservados. Eu preparei um diretor em seu escritório e, mais tarde, ele mesmo compartilhou as ideias que saíram do coaching sobre seus próprios pontos fortes com seus colegas de trabalho. Em contrapartida, uma vez me encontrei com um cliente em um hotel reservado porque ele ficava aterrorizado com a ideia de que alguém, mesmo que fosse remotamente ligado ao seu trabalho, pudesse nos ver juntos. As preferências e preocupações de um cliente no primeiro encontro lhe dá pistas úteis sobre como o cliente se comporta, o que o estimula e o que o prende.

Clientes particulares

Com clientes particulares e donos de negócios, as regras de confidencialidade podem ser muito diretas. Como mostra a Figura 3-1, ninguém além de vocês dois precisa saber absolutamente nada sobre o coaching. Nenhum nome ou detalhe pode ser compartilhado com o mundo exterior a menos que o cliente se ofereça para dar um testemunho de referência que ajude o marketing do coach com outros clientes e, mesmo assim, neste caso, o assunto das sessões permanece privado.

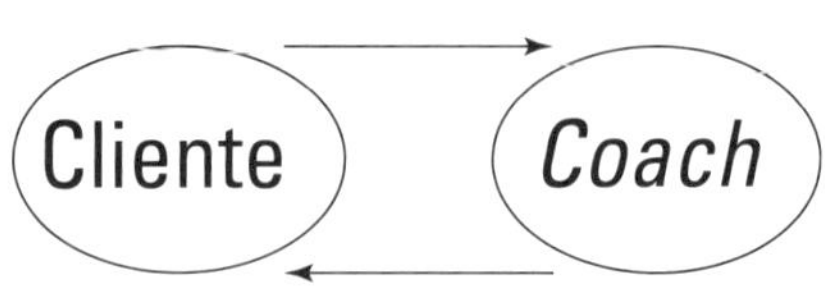

Figura 3-1: Coaching de um cliente particular cria um circuito fechado de informação.

Não deixe de conversar com os clientes sobre a supervisão como parte de sua discussão sobre confidencialidade. Os coaches que, como eu, têm um supervisor de coaching, devem explicar aos clientes o valor da supervisão para aprimorar suas habilidades e que existe a possibilidade de que você leve um estudo de caso para sua própria sessão de coaching, embora de forma que a identidade do cliente permaneça confidencial. Se um de meus clientes não ficar satisfeito com a minha explicação, eu respeito isso completamente e não utilizo o cliente como exemplo quando estiver na supervisão.

Uma pesquisa sobre entidades de coaching

Coaches não precisam ter licença para exercer a atividade, ainda que aqueles que encaram seu trabalho de forma profissional sejam membros de uma entidade que apoia sua evolução continuamente. As principais entidades profissionais internacionais de coaching, que são independentes das entidades que proporcionam treinamento em coaching, incluem:

- A International Coach Federation (ICF) [Federação Internacional de Coaching]: `www.coachfederation.org` (conteúdo em inglês).
- A Association for *Coaching* (AC) [Associação para Coaching]: `www.associationforcoaching.com` (conteúdo em inglês).

Além disso, você pode encontrar várias entidades profissionais locais atuando em outros países. No Brasil, temos:

- O Instituto InVeda: `www.inveda.com.br`
- E a Abracoaching - Associação Brasileira de Coaching: `www.abracoaching.com.br`

Clientes executivos

O relacionamento cliente-coach se torna mais complexo no coaching executivo para clientes de grandes empresas e organizações, simplesmente porque a pessoa que financia o coaching tem um interesse no resultado final das sessões.

Nestes casos, recomendo começar o coaching com uma *sessão de contratação trilateral*, que inclua o coach, o cliente de coaching e seu gerente ou financiador, como mostra a Figura 3-2.

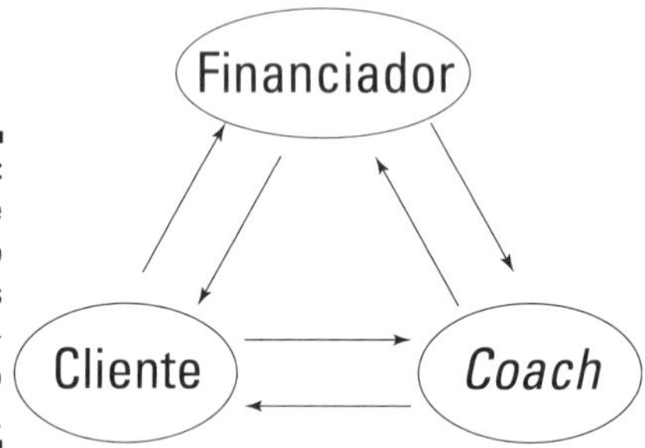

Figura 3-2: Coaching de um executivo é muitas vezes um relacionamento triangular.

A sessão de contratação permite que você estabeleça as expectativas em torno do que é o coaching, por que o investimento está sendo feito e quais as mudanças esperadas pelo gerente. Esta sessão também pode esclarecer a forma como a organização trabalha e como o cliente de coaching e o gerente se relacionam entre si. À medida que você avalia a situação, pergunte a si mesmo:

- O cliente escolheu o coaching ou lhe disseram que ele deveria fazê-lo?
- O gerente ou o financiador apoia seu cliente ou há tensão entre os dois?
- O coaching é o esforço derradeiro antes da demissão do cliente?
- O coaching é visto como um investimento valioso em um funcionário valorizado?

No que diz respeito ao feedback para a organização, eu sempre explico que não forneço qualquer informação detalhada sobre as sessões para ninguém, a menos que o cliente de coaching tenha dado permissão. Este limite preserva a confidencialidade. Gerente e cliente podem querer compartilhar detalhes sobre ações e planos, mas devem estabelecer seus próprios acordos. O que eu faço depois é um relatório que informa a frequência e o empenho do cliente nas sessões. Afinal, coaching é um investimento significativo feito por uma organização, e você, como coach, tem a responsabilidade em garantir que o dinheiro seja bem aplicado.

Clientes internos

Se você é um coach interno – alguém que prepara outros funcionários dentro de seu local de trabalho – é preciso estabelecer limites muito claros entre os diferentes papéis que tem na organização, além de admitir e informar qualquer conflito de interesse. Você pode, até mesmo, ter que se demitir como coach, se pedirem que avalie um cliente para um projeto ou trabalho.

Os padrões de conduta ética da ICF

A *International Coach Federation* (Federação Internacional de Coachs) fornece diretrizes para todos os membros da ICF que oferecem serviços profissionais de coaching. Veja uma pequena amostra:

- Não irei intencionalmente fazer nenhuma declaração pública que não seja verdadeira sobre os serviços que ofereço como coach; ou fazer alegações falsas em qualquer documento escrito relacionadas à profissão de coaching, às minhas credenciais ou ao ICF.
- Em todas as situações, esforçarei-me para reconhecer problemas pessoais que possam prejudicar, entrar em conflito, ou interferir em meu desempenho de coaching bem como meus relacionamentos profissionais de coaching.
- Conduzirei e divulgarei pesquisas com competência, honestidade, dentro dos padrões científicos reconhecidos e orientações práticas sobre o assunto. Minha pesquisa será levada a cabo com o consentimento necessário, a aprovação dos envolvidos, e uma abordagem que protegerá os participantes de qualquer dano em potencial.
- Qualquer registro criado durante minha atividade de coaching será guardado, mantido e tratado de forma a preservar a confidencialidade, a segurança e a privacidade, de maneira que

(continua)

(continuação)

atenda a qualquer prescrição legal ou contrato aplicáveis.

- Explicarei ao meu cliente e ao seu financionador todas as compensações antecipadas de terceiros que eu venha a pagar ou receber por indicações daquele cliente.
- Não irei intencionalmente tirar nenhuma vantagem pessoal, profissional, e monetária, ou proveito do relacionamento coach-cliente, exceto pela forma de remuneração acordada em contrato.
- Não darei aos meus clientes futuros ou a seus financiadores informações ou conselhos que eu saiba, ou acredite que sejam enganosos ou falsos.
- Firmarei acordos ou contratos claros com meus clientes e financiadores. Respeitarei todos os acordos ou contratos feitos no contexto do relacionamento profissional de coaching.
- Explicarei cuidadosamente e me esforçarei para assegurar que, antes ou na primeira sessão, o cliente de coaching e o(s) financiador(es), entendam a natureza do coaching, a natureza e os limites da confidencialidade, os acordos financeiros e qualquer outro termo do acordo ou contrato de coaching.

(Fonte: *International Coaching Federation*. `www.coachfederation.org`)

A confiança entre cliente e coach leva um longo tempo para ser construída e pode também ser facilmente perdida, como Jonathan descobriu. Como jovem assistente de gerente de vendas de *software*, trabalhando em uma grande empresa, ofereceram-lhe um coaching para ajudar no desenvolvimento de sua carreira. Seu coach era um especialista interno de RH, e Jonathan passou a discutir seus pontos fortes e oportunidades profissionais. Em uma sessão, ele falou abertamente sobre suas preocupações acerca de suas habilidades em determinadas situações de venda com um cliente que tinha uma grande conta. Logo depois, a empresa passou por uma grande reestruturação e cortes. Jonathan descobriu, para seu horror, que algumas das informações compartilhadas confidencialmente foram usadas pelo departamento de RH e pelo diretor de vendas na tomada de decisões sobre a realocação de cargos na nova organização e, no final das contas, Jonathan perdeu o emprego. Não é de surpreender que agora ele seja cauteloso quanto às informações que compartilha, e somente contrate coaches que ele mesmo avalia e paga. Claramente, o coach não agiu eticamente, e Jonathan teria um caso em potencial contra a empresa por demissão sem justa causa.

Trabalhando com ética e integridade

A ética é o princípio orientador do seu coaching. Qualquer dúvida sobre ela põe em dúvida também sua integridade e remete o cliente a uma pergunta mental instintiva: "Posso mesmo confiar nesta pessoa?".

Como uma coach profissionalmente qualificada, credenciada pela *International Coach Federation*, adoto o código de ética do ICF como meu referencial para a minha forma de trabalhar (veja o box "Os padrões de conduta ética da ICF"). Outras organizações e afiliações de coaching têm princípios similares que valem a pena conhecer, consulte os sites oficiais. Recapitular todos estes códigos de conduta cria uma base segura para você desenvolver seus próprios princípios com relação ao modo como trabalha com seus clientes.

Alguns pontos essenciais são:

- Ser honesto quanto a suas qualificações
- Manter a confidencialidade
- Respeitar os contratos
- Evitar conflitos de interesse
- Servir aos interesses do seu cliente

Respeitando as reações e limitações humanas

Em coaching, os clientes se empenham em um trabalho de mudança pessoal com grande coragem; eles expõem sua humanidade e suas limitações para serem analisadas. Embora o coaching foque na tarefa de se tornar o melhor que se pode ser, a melhor abordagem em relação ao processo também deve aceitar o fato de que ninguém é perfeito. Com certeza, a perfeição seria um estado estado infeliz e tedioso.

A Contratação Apropriada com os Clientes

Atualmente, muitas pessoas em posições que envolvem gerenciamento ou persuasão se intitulam coaches, então, é fácil negligenciar o fato de que coaching é uma profissão que exige prática e treinamento profissional. Alguns destes profissionais são extremamente experientes, outros, nem tanto. Todos possuem diferentes experiências e métodos que moldam a forma como trabalham.

Coaches profissionais se referem à *contratação* como o contrato verbal ou o acordo entre o coach e o cliente. A contratação aborda todas as questões práticas do coaching, bem como o acordo sobre o estilo do coaching – o quanto o cliente quer ser desafiado, quais as áreas que deseja falar e quais, falar e quais, se é que há alguma, não devem ser abordadas.

Uma aliança de coaching, ao contrário de uma única sessão, funciona dentro de uma estrutura geral que, provavelmente, passa pelas seguintes etapas:

- Discussões preliminares e avaliação da química
- Uma sessão inicial onde o contrato é determinado
- Sessões progressivas
- Revisões de meio de contrato (como parte de uma sessão)
- Mais sessões progressivas
- Sessão de conclusão e feedback

Todos os relacionamentos de coaching têm seus altos e baixos. Os clientes podem culpar seus coaches caso as mudanças que procuram passem por retrocessos, ou não estejam acontecendo rápido o bastante, ao invés de assumirem total responsabilidade sobre sua evolução. Uma comunicação aberta entre coach e cliente é essencial.

Preparando o terreno

Testes de química realizados pessoalmente e telefonemas iniciais, antes do inicío do contrato, possibilitam que ambas as partes decidam se estão felizes em trabalharem juntas. Nestes momentos você, como coach, precisa refletir sobre o seguinte:

- Eu me sinto à vontade com esta pessoa?
- Acredito que possamos trabalhar bem juntos?
- Posso fazer diferença?
- Posso atender às pretensões desta pessoa?
- Haveria outro colega que seria uma escolha melhor para esta pessoa?
- Há alguma razão pela qual não posso agir honesta e eticamente para com esta pessoa?

Escolhendo a pessoa certa

Escolher o melhor coach pode levar tempo, e trabalhar com coaches diferentes, em momentos diferentes, muitas vezes traz melhores resultados. Contudo, a experiência profissional no currículo não é o único indicador da qualidade do coaching. Os clientes precisam considerar a personalidade e o estilo dos coaches, bem como suas credenciais e trabalhos anteriores.

Algumas questões para o cliente refletir antes de se comprometer com um coach incluem:

- Esta pessoa tem qualificações apropriadas e experiência de coaching adequadas para mim, para minha situação e objetivos?
- Esta pessoa vai extrair o melhor de mim?
- Posso me comunicar abertamente com este coach?
- Sinto que este coach me ouve?
- Como eu quero trabalhar? Mais pessoalmente ou pelo telefone? Esta pessoa pode se adequar às minhas preferências?
- Estou disposto a investir na experiência de coaching em termos de tempo, dinheiro e energia?

- Este coach entende e respeita a mudança que estou tentando fazer?
- Esta pessoa preparou outras pessoas com problemas e necessidades similares?

Os atributos essenciais do coaching

Pelo fato de você não poder frequentar uma universidade e estudar para ter um diploma de coaching, várias organizações profissionais e entidades estabeleceram os atributos essenciais para seus membros.

As principais características utilizadas pelo processo de validação da *International Coach Federation (Federação Internacional de Coaches)* são listados adiante. A ICF agrupa as principais competências de forma lógica, em quatro áreas. Contudo, nenhuma delas é mais importante do que a outra; são todas essenciais para qualquer *coach* competente. Para as definições e descrições completas e comportamentos relacionados, visite o site da ICF.

- **Preparação da base**
  - Observação das orientações éticas e padrões profissionais.
  - Estabelecimento do acordo de coaching.
- **Parceria na criação do relacionamento**
  - Estabelecimento de confiança e intimidade com o cliente.
  - Criação de presença de coaching.
- **Comunicação eficaz**
  - Ouvir ativamente.
  - Questionamento eficaz.
  - Comunicação direta.
- **Facilitação do aprendizado e dos resultados**
  - Criação de consciência.
  - Projetando ações.
  - Planejamento e fixação de objetivos.
  - Gerenciamento do progresso e da responsabilidade final.

Preparação da base

Como coach, você precisa atuar eticamente desde o começo e demonstrar que tem um código profissional de ética que orienta o seu modo de trabalhar. No começo, deixe claro as distinções entre aconselhamento e terapia (veja o Capítulo 1 para saber as características de cada um).

O coach e o cliente também precisam concordar sobre o que está sendo oferecido, incluindo o número de sessões, comunicações intermediárias, honorários e a inclusão de quaisquer testes de personalidade ou comportamento. Elabore um termo de acordo por escrito e claro sintetize o contrato, fazendo com que as duas partes assinem.

DICA

Seja especialmente claro sobre as condições de cancelamento e pagamento, caso um cliente não possa ir a uma sessão ou queira reagendá-la no último minuto. Também determine o que acontece se o cliente quiser desistir totalmente do relacionamento de coaching.

Parceria na criação do relacionamento

A ICF define o estabelecimento de confiança e intimidade com o cliente como sendo "a capacidade de criar um ambiente seguro e de apoio que desenvolva continuamente o respeito e a confiança mútua".

Como coach, você precisa estimular novos comportamentos do cliente, incluindo a necessidade de assumir riscos e também ser cuidadoso, pedindo permissão para tratar de assuntos delicados, como discussões de família ou hábitos não saudáveis.

A presença (ou postura) de coaching é algo quase tangível, observada em coaches com estilo espontâneo, aberto e confiante. A palavra "presença" é constantemente mencionada no mundo do coaching, como sendo algo importante de se ter, porque demonstra confiança pessoal no papel de coaching bem como respeito pelos clientes.

Um conceito similar em PNL é o da *congruência*, que acontece quando as pessoas são claras acerca de sua identidade, seus valores e suas crenças, todas sendo demonstradas de modo consistente em seu comportamento. A congruência combinada à presença permite que os coaches mantenham o espaço do coaching aberto para os clientes com leveza e energia, o que possibilita a experiênica até mesmo das emoções mais poderosas.

Comunicação eficaz

A *comunicação eficaz* inclui as habilidades esseciais de ouvir ativamente, questionar com eficiência para, depois, claramente articular o que percebeu. Coaches treinados com PNL chegam ao coaching munidos de uma sólida consciência de comunicação – desde saber como construir rapport e se dissociar de problemas emocionais, até prestar uma delicada atenção aos padrões de linguagem das pessoas e sugestões não verbais.

A capacidade de comunicação vai além da *estrutura superficial* do que os clientes dizem para descobrir o que realmente está acontecendo com eles em uma *estrutura mais profunda*. Como coach, você compartilha suas observações de maneira a ter um impacto mais positivo sobre seus clientes, que pode ser através da descrição detalhada ou da ilustração de um ponto com metáforas e analogias.

Facilitação do aprendizado e dos resultados

Quando você cria consciência para seus clientes, ilumina os seus pontos cegos; tudo aquilo que eles fazem, mas que não reconhecem ou não assumem a responsabilidade por fazerem. Ao ajudar os clientes a descobrirem novas crenças e comportamentos que os estimulem a agir, você os ajuda a obter os resultados desejados.

Depois que os clientes têm essa consciência, a vida nunca mais é a mesma; o conhecimento não vai embora. Você pode se basear nisso para descobrir estruturas práticas e disciplinas que realmente funcionem para seu cliente, que, assim, poderá se desenvolver e aprender também fora da sessão de coaching.

Os conceitos principais para ajudar no aprendizado e na obtenção de resultados giram em torno de estimular os clientes a:

- Assumirem um *compromisso* com a atividade.
- Serem *responsáveis* pela conclusão da ação.

Como coach, você tem uma programação das áreas em que seu cliente está trabalhando, embora ele tenha os detalhes de seus objetivos e planos. Durante as sessões, estimule o cliente a se engajar nas atividades e peça que ele lhe mantenha informado sobre os progressos, vitórias e desafios que acontecem entre as sessões. Uma das razões do sucesso do coaching é fato do cliente declarar para outra pessoa quais seus reais desejos; isto o ajuda a se manter no caminho, sabendo que alguém mais está interessado e apoiando seu progresso, desejando que ele seja bem-sucedido.

Utilize as atribuições da Tabela 3-1 como checklist pessoal para pontuar seu próprio desempenho após cada sessão, bem como contrato como um todo. Por exemplo, o quão bem você se saiu fazendo questionamentos eficazes? Você estava totalmente presente ou ligeiramente distraído com outros pensamentos?

Classifique seu desempenho usando uma escala de 0 a 10; sendo 0, o mais baixo e 10, o mais alto. Use esta tabela para anotar o que fez especificamente e em que pode melhorar. Identifique as áreas em que pode se beneficiar com mais treinamento. Qualquer processo de credenciamento busca evidências de todas estas competências; e seu coaching se torna mais eficaz quando você aumenta sua própria consciência da estrutura de competências.

Tabela 3-1 Lista de Competências Pessoais

Competência Pessoal	*Pontuação de 0-10*	*Observações*
Cumprir orientações éticas e padrões profissionais		
Estabelecer o acordo de coaching		
Estabelecer confiança e intimidade com o cliente		
Criar uma presença de coaching		
Ouvir ativamente		
Questionamento eficaz		
Comunicação direta		
Criar consciência		
Projetar ações		

(continua)

Tabela 3-1 Lista de Competências Pessoais *(continuação)*

Competência Pessoal	*Pontuação de 0-10*	*Observações*
Planejamento e fixação de objetivos		
Gerenciamento do progresso e a responsabilidade		

Monitorando a motivação

O coaching é como um *iceberg*. A sessão entre o cliente e o coach mostra apenas a pontinha do iceberg, enquanto o resto da vida do cliente é a enorme rocha escondida sob a superfície. Em geral, o coach apenas vê o cliente na sessão e tem que deduzir, a partir daquele curto tempo juntos, como ele se comporta em seu dia a dia. Às vezes, você realmente consegue ter a chance de ver clientes interagindo em outros lugares, socialmente ou nos negócios – o que lhe dá mais evidências de como eles se comportam de verdade – mas muitos relacionamentos fortes entre coach e cliente se baseiam unicamente nas interações durante as sessões.

LEMBRE-SE

Basicamente, a motivação e o comprometimento com a mudança vem do seu cliente – da mesma forma que o cliente é responsável por seus prórpios sucessos. Coaching não é importunar! Contudo, tendo em vista que o coaching é uma parceria, é preciso testar a motivação e questionar quando as coisas não estão acontecendo. O principal ponto a ser questionado tanto pelo coach quanto pelo cliente é: "O que está acontecendo que talvez possa estar interferindo no meio do caminho?".

DICA

Os *Metaprogramas,* filtros inconscientes que determinam como as pessoas pensam, dão pistas úteis sobre as motivações dos outros, em particular aquelas que diferem das suas próprias motivações. Investigue o que faz com que seu cliente naturalmente trabalhe em sua melhor forma e leve esta informação para o relacionamento de coaching.

Compartilhando as expectativas para o sucesso

Se eu perguntasse a uma dúzia de coaches: "O que faz do coaching um sucesso?", receberia uma dúzia de respostas. Sucesso significa coisas diferentes para pessoas diferentes; a PNL chama a palavra *sucesso* de nominalização.

No jargão de PNL, a *nominalização* é uma palavra abstrata, normalmente construída sobre um verbo. *Amor, confiança* e *relacionamento* são todas nominalizações. Estes termos abstratos são difíceis de definir de uma forma que todos concordem.

Para obter mais clareza do significado de uma nominalização para um indivíduo, transforme o nome em um verbo. Em vez da pergunta "O que é sucesso em coaching?", pergunte alguma coisa tipo "Como especificamente você será bem-sucedido no coaching?". Note que, ao mudar a linguagem desta forma, a pessoa passa a assumir a responsabilidade pelo conceito de sucesso.

Nos estágios iniciais, coach e cliente precisam concordar na sua definição particular de sucesso. Estabeleça conceitos específicos e claros, especialmente quando os planos do cliente são vagos, como: "Eu quero ser feliz/confiante/bem-sucedido". O perigo nestas situações é que os coaches se tornem leitores de mentes, interpretando estes conceitos de maneiras que podem não corresponder com a idealização de seus clientes.

Prosperando com Curiosidade e Amplitude

Um ótimo coaching desperta a curiosidade das pessoas sobre suas vidas e traz uma sensação de tranquilidade. De modo geral, os clientes chegam exaustos, ansiosos e confusos, saem se sentindo novamente leves e cheios de energia. A arte do coaching está mais ligada a como *ser* do que ao que *fazer* no relacionamento. Seu comportamento funciona como um modelo a ser imitado ou superado pelos clientes. Um coach positivo, calmo, claro e totalmente concentrado no momento, com rapport (ser), é melhor do que um que consiga aplicar uma ferramenta específica de coaching ou técnica de PNL (fazer).

O poder do silêncio

Um mundo agitado oferece poucas oportunidades para se saborear o silêncio, um desafio que contribui para a experiência exaustiva de muitos executivos de empresas. No espaço silencioso das sessões de coaching, os clientes podem acessar seus poderes, presença e paixões verdadeiras. Este silêncio permite que eles recuperem o que perderam nas profundezas de si mesmos. O silêncio os leva a um universo de autorreflexão, em que diferentes perspectivas aguardam para serem reveladas. Aqui eles progridem em termos de consciência o que, por sua vez, gera uma mudança positiva.

Muitas vezes, as empresas avaliam as pessoas por sua visibilidade e pela habilidade de se comunicar. Quem se atreve a ficar calado em uma reunião corporativa com medo de não expor suas qualidades ou de não ser vistos como um contribuidor de valor? Da mesma maneira, coaches podem se sentir tentados a provar seu valor não deixando espaço para o silêncio.

O silêncio é uma poderosa ferramenta de coaching. Um prerrequisito para o silêncio é desacelerar. Se, como coach, você está seguindo a todo galope, seus clientes irão acompanhá-lo na mesma velocidade. Reserve tempo para pensar em suas perguntas, formule-as no momento certo e permita que cheguem ao seu destino. Observe seus efeitos, prestando total atenção aos detalhes das expressões faciais, gestos e tom de voz, bem como qualquer coisa que os clientes digam.

Considere o silêncio como o espaço em branco em volta das palavras, necessário para que elas se destaquem. Prepare-se para o coaching ficando em silêncio por alguns instantes antes de entrar em uma sessão.

Encontre um lugar tranquilo, confortável, em sua casa ou escritório, onde não seja interrompido. Sente-se em silêncio por 20 minutos, fazendo absolutamente nada e limpando sua mente de pensamentos. À medida que os pensamentos surjam, apenas diga a si mesmo "interessante" e deixe-os passar como se pertencessem a outra pessoa. Observe o que está ao seu redor, as cores e as formas, o que ouve em termos de sons, vozes e música. Como se sente emocionalmente e fisicamente quando está quieto? A pressão cresce dentro de você para correr e fazer alguma coisa? Deixe esta pressão ir embora. Simplesmente aprecie estar em um espaço silencioso.

Acessando a intuição

Expressar sua intuição no coaching é incrivelmente valioso. Você está compartilhando o intangível: um pensamento, um sentimento ou uma ideia que parece vir de lugar nenhum e que desperta a curiosidade. A intuição chega naturalmente quando você desacelera e presta cuidadosa atenção à sua energia, percebendo quando algo parece bem e quando sai do equilíbrio.

DICA

Como coach, confie no que está pensando – aquele palpite, teoria ou ideia que lhe incita a dizer algo – e compartilhe isso com seu cliente. Construa uma linguagem para estruturar estes momentos de iniciação e peça *permissão*. Tente algo como:

- Tenho uma teoria que pode estar completamente errada. Posso experimentá-la com você?
- Meu instinto está me dizendo algo. Podemos analisar isto?
- Estou sentindo algo sobre isso. Você gostaria de saber?

A intuição não é necessariamente certa ou errada, ela pode apenas jogar uma luz a mais em uma área desafiadora.

DICA

Experimento em algumas das minhas sessões, simplesmente falar sem pensar, seja lá o que venha a minha cabeça no momento. Pode ser uma metáfora, uma sensação no meu corpo, como uma tensão no estômago, ou alguma coisa que a situação me fez lembrar. Esta técnica é uma poderosa maneira de se deixar levar, estar presente no momento e fazer do coaching algo mais intuitivo. Quando ajo de forma mais intuitiva, o caminho se abre para que o cliente acesse sua própria intuição também.

Estar bem, mesmo sem saber as respostas

Não se preocupe se, em um determinado momento durante a sessão – ou até mesmo logo no começo dela, você não souber a resposta para a pergunta de um cliente. É ele que precisa encontrar as próprias respostas. Você pode trabalhar com ele com um espírito de curiosidade para abrir as portas que estejam fechadas, ou começar a explorar algumas possíveis soluções. A curiosidade tem uma atraente alegria infantil, como se ambos estivessem compartilhando um delicioso segredo. Um coaching que se torna pesado consome energia de ambas as partes. Quando você é curioso, seus clientes saem em busca das respostas por si mesmos. Ratificar o valor da curiosidade em suas sessões tira a pressão de cima de você como o "perito" e é muito mais útil para seus clientes, porque eles comemoram o fato de encontrarem suas próprias respostas e assumirem o controle de suas existências.

Incorpore o verbo "*imaginar*" em suas conversas para estimular a curiosidade em um cliente. Tente começar as frases com: "Fico imaginando como será sua semana", "Imagino como isto seria divertido para você", "Tento imaginar o que isto quer dizer". Faça a pergunta e, então, fique em silêncio enquanto o cliente a processa.

Perguntas que estimulam a curiosidade têm uma característica diferente para os clientes. Eles deixam de buscar informações lógicas e passam a procurar a melhor resposta possível dentro de uma área de exploração mais ampla. Perguntas exploratórias são ilimitadas e requerem respostas que vão além do "sim" ou "não".

Pratique sua habilidade de fazer diferentes tipos de perguntas, entre elas, as destinadas a reunir informações e as exploratórias, que levam as pessoas a tomarem certos caminhos de investigação.

1. **Rapidamente escreva uma lista de perguntas que você faria a um cliente que está encarando uma grande decisão.**

   Pode ser um cliente que está enfrentando uma decisão sobre o futuro, por exemplo. Ele está considerando voltar a estudar para uma nova carreira, o que requer três anos de estudos, e está tentando decidir como seguir adiante. O que você pergunta a ele na sua próxima sessão de coaching?

2. **Avalie sua lista de perguntas.**

   Pergunte a si mesmo quais questões têm a finalidade de reunir informações e quais encorajam a exploração aberta e despertam a curiosiade sobre o futuro.

   Perguntas para reunir informações. Alguns exemplos são:

   - Quais são suas opções de viagem?
   - Como você irá resolver aquele problema no sistema?
   - O que irá fazer em seguida e quando?
   - O que irá comer esta semana?

   Perguntas de exploração são mais amplas e estimulam a pensar fora dos padrões convencionais. Alguns exemplos são:

   - O que se acontece para você, se fizer *x*?
   - O que *x* faria por você?
   - Quais outras opções podem ser ainda melhores?
   - Como é se sentir satisfeito com todos os aspectos de sua vida?
   - Como esta decisão/escolha/tarefa pode ser mais fácil?

3. **Desenvolva e adapte algumas de suas perguntas para reunir informações para transformá-las em exploratórias.**

   As perguntas a seguir passam de reunião de informações para um nível de exploração mais profundo.

   - Que habilidades principais você precisa para fazer este trabalho? (Reunião de informações) Pode ser reformulada para: "Como as novas habilidades aprendidas aqui poderiam melhorar sua vida de outras maneiras?"
   - Quando você irá concluir o trabalho? (Reunindo informações) Pode ser reformulada para: "Se a conclusão deste trabalho for fácil, que diferença isso faria para você?"

Endossando a experiência do cliente

À medida que você aprofunda as alianças com seus clientes, tenha em mente que eles são especialistas em suas próprias vidas. Foram eles que viveram com suas experiências por toda trajetória, e você somente consegue ver uma fração do que eles são. Respeite e aceite este fato sem julgar as escolhas que fizeram.

Algumas das suposições de PNL também conhecidas como *pressuposições*, podem instruir suas sessões de coaching. Por exemplo, a PNL propõe que:

- **As pessoas têm todos os recursos de que precisam para atingir os resultados que desejam.** Os indivíduos possuem um extraordinário potencial para se desenvolverem e crescerem. São naturalmente aptos e não precisam ser "consertados" por ninguém. Eles são capazes de encontrar os recursos necessários para mudar tanto interna quanto externamente, por exemplo, contratando um coach.
- **Todo comportamento tem uma intenção positiva.** As pessoas fazem o que fazem por uma razão: o comportamento gera algum *ganho secundário*. Por exemplo, um jovem pode estar se esforçando para sair e encontrar pessoas novas e a razão pela qual fica sentado no sofá pode ser o medo de conversar com estranhos. O ganho secundário recebido pode ser o de se sentir seguro e confortável ficando em casa com a mamãe e o papai, que não esperam que ele puxe conversa. Para mudar, o cliente precisa estar consciente do ganho secundário e encontrar outras maneiras de suprir aquela necessidade, como sair com um novo grupo com um amigo sociável, até que esteja confiante o bastante para ir sozinho.

LEMBRE-SE

Apoiar envolve reconhecer e defender a outra pessoa sem julgá-la. Ao endossar a identidade de seus clientes – ao acreditar que eles são naturalmente habilidosos e não iguais aos seus comportamentos inúteis – você pode libertar seus potenciais e acompanhá-los como um coach de valor em suas buscas pessoais. Este apoio aumenta a confiança que permeia todos os aspectos da vida de seus clientes.

Parte II
Construindo as Habilidades Essenciais em Coaching

A 5ª Onda Por Rich Tennant

"Tenho a impressão de que você está se tornando mais defensiva e inacessível ultimamente."

Nesta parte...

Já andou vagando por aí em uma névoa sem nenhum sentido verdadeiro de direção? Tanta coisa se torna mais clara quando você sabe onde está indo e como chegar lá. Nesta parte, você descobre como moldar uma programação de coaching precisa com seus clientes, a fim de que eles se inspirem para trabalhar de uma forma eficaz e atrativa. Você irá afiar as habilidades essenciais de perguntar e escutar.

Capítulo 4

A Pauta para a Mudança

Neste Capítulo

- Começando e terminando as sessões com eficácia
- Coletando importantes informações pessoais e de experiência
- Examinando os objetivos e ideias do cliente
- Estabelecendo as prioridades para as sessões

Clientes vêm para o coaching por inúmeras razões: reconhecem que alguma coisa não está funcionando tão bem quanto deveria; estão confusos ou incertos sobre que direção seguir; têm a impressão de que as coisas poderiam ser diferentes e não estão certos sobre como fazer mudanças; têm muito trabalho pela frente e precisam de ajuda; querem alguém sensato para trocar ideias pois passaram por tempos, transições difíceis, novos desafios, ou precisam tomar decisões.

Coaching nem sempre é resolver problemas. Ele pode propiciar o espaço necessário para que as pessoas ampliem seus horizontes e cresçam em suas carreiras, desenvolvam capacidades de liderança ou mantenham um sentimento geral de bem-estar.

Quando o coaching começa, os clientes podem ter uma confusão de pensamentos e problemas dando voltas em suas cabeças, mais parecendo um depósito cheio de coisas empilhadas! O coaching dá forma a esta bagunça, criando pontos de entrada e saída específicos para cada sessão, assim como para o trabalho como um todo. Entre as fases de abertura e fechamento (que discuto neste capítulo), você e seus clientes passam por um período rico para explorar aquela confusão de ideias. Seu papel, como coach, é oferecer uma plataforma de apoio que dê clareza, estrutura e procedimento para que os clientes possam explorar e elaborar suas pautas.

Abrindo e Encerrando as Sessões com Elegância

O modo como você começa e termina qualquer conversa faz uma grande diferença no valor que ambas as partes dão à interação. Já aconteceu de estar no meio de uma conversa que acabou rápido demais? Estava no meio de uma ligação ou reunião e de repente a outra pessoa lhe diz: "Tenho que ir, obrigado", e, então, desaparece. Você é deixado sem resposta, confuso e pode ficar imaginando se sua presença sequer significou algo para a outra pessoa.

DICA

Primeiras impressões

Em *Body Language For Dummies* (Wiley), a coach de impacto pessoal, Elizabeth Kuhnke, oferece diversos conselhos para atrair e influenciar os outros. Em particular, ela lembra aos leitores do antigo ditado que diz que você nunca tem uma segunda chance de causar uma primeira impressão. O primeiro encontro com clientes em potencial é um tipo de entrevista em que eles decidem se você é o melhor coach para eles.

Elizabeth defende que para se sentir confiante em entrevistas ou reuniões, você precisa considerar seis coisas:

- **Aquecimento.** Lembre-se do seu objetivo e como quer ser visto. Pratique respirando a partir do seu abdômen, aquecendo sua voz e liberando a tensão dos seus ombros.
- **Reivindique seu espaço.** A sua presença na reunião é legítima – e você está pronto e esperando para receber o cliente com um sorriso.
- **Faça sua entrada.** Movimente-se de forma confiante, suave e decidida – especialmente se estiver entrando no escritório de seu cliente. Quando o cliente o visitar, seja um um anfitrião receptivo, fazendo com que ele se sinta confortável em seu espaço.
- **Aperte as mãos.** Segure sua palma reta e responda com a mesma intensidade de pressão.
- **Posicione-se.** Quando você e o cliente se sentarem, mova seu corpo para que fique a 45 graus

da outra pessoa ao invés de totalmente de frente para a mesa. Ficar cara a cara é muito intenso. Respeite o espaço do cliente mantendo uma distância confortável.

- **Faça sua saída.** Quando chegar a hora de ir embora, mova-se calmamente, sorria e dirija-se até a porta. Vire-se e sorria de novo, assim, a última impressão é de seu rosto, não de seu traseiro! Da mesma forma, se o cliente está visitando seu escritório, acompanhe-o até a porta e assegure-se de que sua última impressão é um despedida cordial.

Estando preparado

A preparação para o coaching começa antes das sessões, não no momento em que você cumprimenta o cliente. Ao trabalhar com determinados clientes, é provável que você pense sobre eles fora de suas sessões e se lembre de ideias para compartilhar com eles. Com certeza, você deve reservar um tempo para se preparar antes da sessão e registrar seus pensamentos depois dela. Sem este espaço, vai começar a se sentir exausto. Cada coach tem um tempo de preparação próprio em cada sessão, mas, normalmente, ele varia entre 30 minutos antes e depois de uma sessão presencial, e ligeiramente menos em coachings mais curtos por telefone.

Para a primeira sessão, prepare seu próprio material com um formulário para fazer observações sobre a sessão. Normalmente, envia-se um pacote inicial para o cliente se preparar para a primeira sessão, além do contrato e dos detalhes de pagamento.

Recebendo os clientes

Ao se preparar para qualquer interação de coaching, pense na forma que iniciará a conversa. Pergunte-se como quer se conectar com seu cliente e faça com que ele se sinta bem-vindo, especialmente se estiverem conversando pelo telefone. A saudação pode ser cordial e ainda assim, simples, apenas algumas palavras como: "Então, esta é sua hora, estava pensando..." ou "Olá, João".

LEMBRE-SE

Seu tom de voz e linguagem corporal precisam transmitir sua acolhida. Veja o box "Primeiras impressões" para mais dicas. Seja o que for que decida dizer ou fazer, sua linguagem e ações precisam demonstrar que o espaço está aberto para seus clientes e que eles têm toda a sua atenção.

Elaborando perguntas iniciais eficazes

As perguntas que você faz no começo de uma sessão remetem os pensamentos de seus clientes para uma direção específica. Dependendo de sua compreensão sobre as necessidades de seus clientes, você pode levá-los por um caminho de recapitulação dos acontecimentos desde a última sessão, mantê-los no momento presente ou direcioná-los para o futuro.

Perceba qual o impacto da sua escolha inicial de perguntas em diferentes clientes. Por exemplo, se você perguntar: "Conte-me como está sua vida?", seu cliente pode ir direto para uma história longa e detalhada – que deixe você procurando por maneiras de interrompê-lo. Para este tipo de cliente, experimente uma abertura mais específica, tal como "Qual é a coisa que mais ocupa sua mente hoje?".

Ou você pode guiá-lo com algumas perguntas abertas tais como:

- O que gostaria de trabalhar hoje?
- Em que você gostaria de se concentrar?
- Qual é a sua programação?
- Qual é a coisa mais útil para você neste momento?
- O que você percebeu desde a última vez que nos falamos?
- O que apreciou em si mesmo nas últimas semanas?
- O que você tem para comemorar?
- Quais são os desafios que você está enfrentando?
- O que está por vir para você?

DICA

Evite perguntas muito específicas tais como "O que você está fazendo a respeito do seu plano financeiro?"; ou "Como anda o seu relacionamento com Fred?". A vida do cliente continuou no intervalo das sessões de coaching e o que era importante na semana passada ou no mês passado pode não ser o que realmente está na cabeça dela hoje.

Definindo as intenções

Uma história popular entre os praticantes de PNL fala sobre um grupo de estagiários de *Master Practitioners* em PNL, que estavam concluindo um projeto de criação de modelos e tiveram a oportunidade de observar um curandeiro xamã trabalhando com um cliente na cura de um ferimento na perna. A arte de construir modelos examina de perto os pensamentos e as ações de um exemplo – neste caso, o xamã – assim, os entusiasmados estudantes fizeram anotações sobre os movimentos e as palavras do grande homem, adorando a oportunidade de fazer perguntas a ele. Uma boa questão foi "Quando a cura realmente começa?". Os estudantes esperavam ouvir uma resposta tal como "no momento em que eu passo minhas mãos sobre o ferimento" ou algo parecido. Em vez disso, o xamã respondeu: "Quando subi a montanha sozinho ontem e estabeleci minha intenção".

Uma *intenção* dirige sua atenção para um resultado, um efeito desejado. Quando você define suas intenções para uma sessão e pede a seus clientes para fazerem o mesmo, você se concentra em conseguir os resultados que quer. Você pode estabelecer suas intenções para trabalhar em uma habilidade específica numa sessão ou apenas ser mais confiante ou desafiador. A intenção é focada em servir ao cliente de alguma maneira, ainda que esta não seja necessariamente discutida com ele.

Levando o aprendizado adiante gradativamente

Ao contratar um coaching, os clientes estão tomando o primeiro passo corajoso em direção à implementação de uma mudança em suas vidas. Desde a sessão inicial, e durante todo o tempo do treinamento, os clientes estão em uma viagem de autodescoberta: do que os motiva, como eles se relacionam com os outros e o que podem mudar para obter os efeitos desejados.

Muito do aprendizado acontece inconscientemente. A fim de criar uma maior consciência, comente suas observações com seus clientes e peça que encontrem momentos também fora das sessões para praticar e fazer com que estas novas percepções sejam habituais.

O aperfeiçoamento – como os juros de poupança – é poderoso. Os clientes que pouco a pouco desenvolvem novos hábitos e os integram em suas vidas cotidianas têm uma melhor chance de implementarem uma mudança duradoura, quando comparados com os muito entusiásticos que fazem algo rápido e intenso, como um esforço único. Pense neste contraste como na diferença entre uma dieta radical e um plano de perda de peso lento e saudável baseado em comida saudável e exercícios para a vida toda. Da mesma forma, cortar gastos em 10% ou 15% todos os meses, ao longo de um ano, acrescenta mais e dói menos do que um corte drástico. Menos, distribuído ao longo de um período mais longo, pode ser mais.

Terminando bem

Quando você termina as sessões, tem a oportunidade de deixar os clientes em um estado de satisfação. Com o plano de ação concluído, seus clientes estão prontos para ir embora. Agora é a sua oportunidade de demonstrar seu reconhecimento pelo trabalho do seu cliente e pelo comprometimento assumido com o coaching. Pense neste momento como o selo de aprovação que endossa o sucesso e os mantém motivados.

Algumas possíveis perguntas de conclusão incluem:

- Qual é a coisa mais valiosa que você está levando?
- O que você realmente descobriu hoje?
- Como você será diferente no futuro?
- O que está mudando em você como resultado de pensar de uma forma diferente?
- A que resultado isso tudo leva?

O fim de uma sessão também pode ser o momento apropriado para um tipo especial de pergunta, conhecida como inquirição, que deve ser feita após as perguntas de conclusão. Uma *inquirição* provoca pensamentos além dos pontos mais palpáveis do *coaching*. Estes tipos de questões dão a seus clientes algo para ponderar por um tempo maior e, então, trazer de volta as respostas ao iniciar a discussão na próxima sessão.

Alguns exemplos de perguntas de inquirição incluem:

- O que é uma vida preciosa e rica para você?
- Qual será o seu estado inicial para a próxima semana?
- O que poderia tornar a vida mais fácil para você?
- O que motiva você a dar o melhor de si?
- Para onde vai a sua atenção?

Afinando o Processo Inicial

Alguns coaches aterrissam no relacionamento de coaching concentrando-se nos problemas que os clientes dizem que querem trabalhar. Outros gastam tempo – de algumas horas até algumas sessões ou dias – estabelecendo as bases do contrato de coaching antes que o trabalho realmente comece. No Capítulo 3, você pode ler sobre as qualidades pessoais que precisa apresentar na fase de contratação para construir confiança e oferecer um espaço seguro para seus clientes.

Preparando o terreno

O sucesso a longo prazo de qualquer interação de coaching é começar bem, e coaches experientes concordam que a fase de preparação inicial é essencial para obter resultados. O processo de *iniciação* é o tempo que você passa com um cliente, reunindo informações pessoais e de formação, e construindo um relacionamento. O processo permite que você "fotografe" o que está acontecendo na vida e no trabalho do seu cliente.

LEMBRE-SE A PNL defende a flexibilidade. Para os clientes que estão claramente ávidos por uma recompensa imediata, o processo de iniciação pode parecer enfadonho demais, então, prepare-se para se adaptar, caso seja necessário. Por exemplo, você pode escolher coletar as informações sobre a vida do cliente ao longo de algumas sessões intercalando com questões do coaching propriamente dito".

Fotografando a realidade atual

O processo inicial é a sua oportunidade de conseguir uma percepção detalhada do que está acontecendo naquele exato momento para seu cliente, o que a PNL chama de *estado presente*. Durante a iniciação, você também estabelece as expectativas sobre o *estado desejado* e as experiências específicas de vida que o cliente realmente quer criar.

O ideal é que eles disponham de tempo para refletir sobre os assuntos de sua pauta e tenham algumas ideias do que querem conseguir do coaching – desta forma, já estarão comprometidos com o processo.

EXPERIMENTE!

Antes da primeira sessão, você pode mandar uma correspondência ou e-mail para o novo cliente, um kit de preparação que trate de alguns ou de todos os seguintes tópicos:

- Seu perfil e qualificações de coaching.
- Informações sobre coaching e do que esperar das sessões. O Capítulo 3 oferece algumas ideias úteis sobre este tópico.
- Formulários para coletar detalhes de contatos, incluindo os acionistas principais, se você estiver atendendo um cliente empresarial, e nomes de amigos ou família de um cliente privado, além de um histórico de informações
- Uma Roda da Vida (veja a Figura 4-3 para um exemplo).
- Um formulário de Roda Profissional (como mostrado na Figura 4-4).
- Um espaço para anotar pontos fortes e talentos.
- Um espaço para escrever sobre valores pessoais.
- Um esboço da programação para as áreas nas quais o cliente quer trabalhar o coaching.

- Um espaço para inserir outras informações, incluindo experiência prévia em coaching, o feedback que recebeu de seus colegas de trabalho, funcionários ou gerentes, ou dados de psicometria que possam ser relevantes.

Além disso, o coach precisa redigir um contrato de coaching com detalhes sobre a organização de sessões, termos de pagamento e condições de cancelamento. As Figuras 4-1 até a 4-4 fornecem modelos de formulários que podem ser incluídos em seu kit de iniciação.

Informações de contato

Peça a seu cliente para preencher um formulário básico de informações de contato, como o exibido na Figura 4-1.

Nome:	
Endereço:	
Números de telefone: Casa: Comercial: Celular:	
E-mail trabalho (1): E-mail pessoal (2): __________	__________

Figura 4-1: Formulário de informações de contato.

Histórico

Peça a seu cliente para completar um formulário como o da figura 4-2, com o objetivo de fornecer-lhe um perfil básico.

Trabalho ou função atual:	
Nome do empregador ou tipo de negócio de que é proprietário:	
Membros principais de sua família:	
Amigos principais:	
Colegas ou acionistas principais com os quais você interage na organização:	

Figura 4-2: Formulário de informações de formação.

Roda da vida

A Roda da Vida, mostrada na Figura 4-3, é dividida em oito seções que representam os relacionamentos entre diferentes áreas da sua vida. Pontue seu atual nível de satisfação em cada uma delas. Suponha que no centro da roda está o 0 (o mais baixo) e a borda mais ao extremo é o 10 (o mais alto). Ligue os pontos na roda com uma linha para criar uma nova borda do lado de fora. A nova circunferência representa sua roda da vida atual. O quanto ela estaria acidentada se fosse uma roda real?

Roda profissional

Para a sua Roda Profissional, mostrada na Figura 4-4, utilize os oito segmentos na roda em branco para elencar as principais áreas que são suas prioridades de trabalho. Atribua nomes significativos para você. Alguns exemplos podem incluir: Delegação, Comunicação, Planejamento Estratégico, Desenvolvimento de Equipe ou Trabalho em Equipe, Processos de Negócios, Tomada de Decisão, Desenvolvimento Profissional, Gestão da Mudança, Serviço ao Cliente, Tomada de Risco, Inovação/Novos Produtos, ou Resultados/ Desempenho Financeiro.

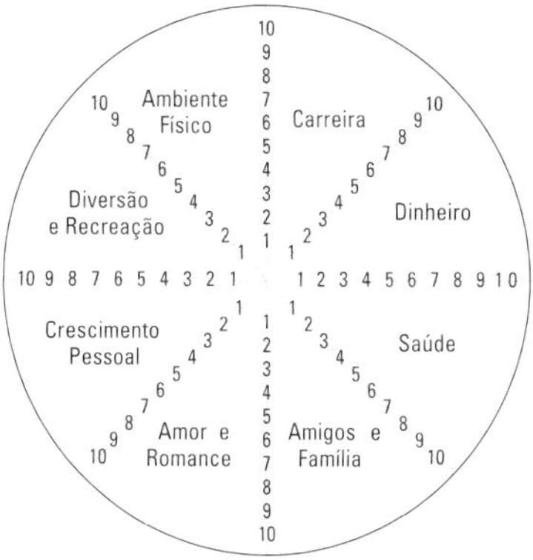

Figura 4-3: Roda da Vida.

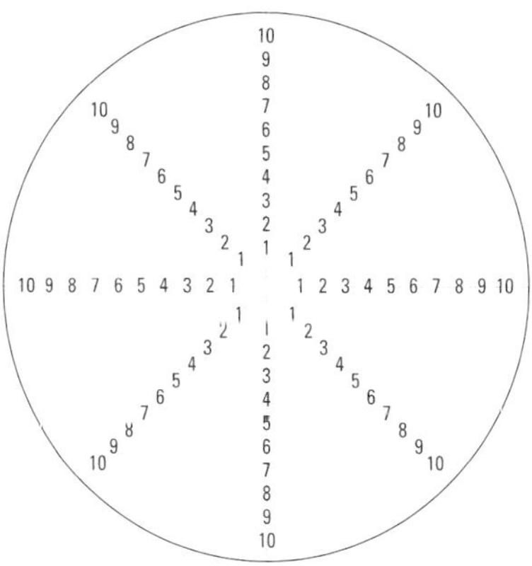

Figura 4-4: Roda Profissional.

Talentos e pontos fortes essenciais

Pegue um pedaço de papel e liste todos os seus talentos. Não deixe de incluir especialidades técnicas, como projetos do tipo "faça você mesmo", ou a capacidade para entender o funcionamento do mais moderno aparelho de celular. Inclua atividades em que seja especialmente bom em casa: organizar as compras, tomar conta de animais domésticos, criar jogos para crianças ou ajudar os mais velhos. Pense em todas as situações que conseguir – trabalho, comunidade e amigos.

Liste suas qualidades pessoais mais proeminentes. Você é paciente, ambicioso, ótimo com detalhes? Liste cada habilidade e qualidade que venha à cabeça até que a página esteja cheia.

Valores

Seus valores ditam as escolhas que faz na vida. Pegue uma folha de papel e escreva uma lista de valores essenciais que são o cerne de sua identidade.

- O que é importante para você? (Por exemplo, saúde, honestidade, liberdade, aprendizado.)
- Com o que se importa?
- O que mais quer em seu trabalho? O que mais quer da sua vida?
- O que menos quer em seu trabalho? E em sua vida?
- O que faria você permanecer em uma situação quando tudo dá errado?
- O que faria você deixá-la quando tudo vai bem?
- Pense sobre seus momentos extremos. Quando a vida foi maravilhosa? Quando você se sentiu no topo? O que foi importante para você naquele momento?
- O que o deixa zangado, farto ou frustrado? Que valor está sendo violado que impede você de ser verdadeiro consigo?

Delineando a pauta do coaching

Em que áreas você quer focar durante o contrato de coaching? Para cada uma, dê um título simples, além de algumas instruções sobre como saberá quando as completou. Por exemplo:

> **Terminei o site.** Localizei as fontes das citações e indiquei uma agência externa. Criei um plano de projeto e orientei sobre os passos necessários para ir ao ar até 5 de outubro.

Sinto-me mais confiante. Sou capaz de falar em situações de grupo e sinto que tenho algo de valor para contribuir. Posso dizer não a ideias que não se encaixam bem nos meus interesses. Repasso projetos incompatíveis para colegas.

Elaborando a Pauta Desejada

Como já discuti anteriormente neste capítulo, a sessão de iniciação permite tanto ao cliente quanto ao coach ter uma noção de como trabalham juntos e ver o que está acontecendo em todas as esferas da vida do cliente. Depois da iniciação, a verdadeira pauta se torna o foco do trabalho. Coach e cliente continuam voltando a examinar a pauta, normalmente com uma mistura de trabalho e assuntos da vida doméstica.

Ajustando a pauta

Alguns clientes querem preencher os formulários de indicação antes da sessão, outros preferem completá-los junto com o coach. Em qualquer um dos casos, repasse os formulários com seu cliente para conseguir um entendimento comum sobre o ponto de partida dele. Depois, cada uma das partes pode ficar com uma cópia em papel ou uma versão eletrônica. Você precisa manter estes documentos confidenciais.

Inicialmente, a pauta de seus clientes vai definir os objetivos principais que eles querem trabalhar, com avaliação simples do estado atual e do desejado ao final do contrato. Já de início, os clientes precisam falar sobre as mudanças que querem experimentar e expressar uma noção mais ampla de como suas vidas serão quando elas acontecerem. Eles estão agora comprometidos a criar uma nova possibilidade.

Encoraje seus clientes a terem uma mistura de tópicos profissionais e pessoais como objetivos. Contudo, as pessoas precisam escolher os itens que precisam mudar para seu próprio benefício, não apenas o que sentem que devem trabalhar para agradar a alguém. Comece a estruturar os objetivos em uma linguagem positiva, mais relacionada ao que eles querem do que àquilo que não querem. Veja alguns modelos de objetivos que os clientes podem incluir nos rascunhos de sua programação:

- Objetivos profissionais:
  - **Eficiência pessoal.** Identificar como gasto meu tempo, contratar um assistente e delegar toda a administração de orçamentos e logística de eventos.
  - **Formação de equipe.** Formar uma equipe unificada de vendas e marketing que possa divulgar nossa oferta de produto.
  - **Desenvolvimento de liderança.** Desenvolver meu estilo de liderança de equipe, focando nas minhas melhores qualidades.
  - **Vendas.** Dobrar a receita dos maiores clientes nos próximos três anos.
  - **Organização.** Criar especificações de trabalho para toda a minha equipe e reorganizar as pessoas para apoiar a nova estrutura de negócios ao redor das novas áreas de produto.
- Objetivos pessoais:
  - **Saúde.** Desenvolver hábitos de alimentação saudáveis e um programa de exercícios que ajude a reduzir meu peso para 65 quilos até o próximo mês de setembro.
  - **Confiança.** Ter a confiança para fazer um discurso no jantar do clube de tênis.
  - **Patrimônio.** Dobrar minhas economias nos próximos três anos e ter dinheiro suficiente para comprar uma casa.
  - **Relacionamento.** Inscrever-me em um site de relacionamento e conseguir, no mínimo, um encontro por mês, durante seis meses.
  - **Casa.** Reformar o quarto sobressalente para poder ter convidados em casa.
  - **Carreira.** Reformular meu currículo, enviá-lo a três agências de emprego e pedir aos amigos para praticarem as entrevistas comigo.

Mantendo-se no caminho certo

Os clientes contratam coaches para conseguirem alcançar a mudança que estão tendo dificuldade para conseguir por si mesmos. Trabalhe com seus clientes para estabelecer desafios que ampliem seus horizontes sem sobrecarregá-lo; você quer que eles empurrem as fronteiras e sigam adiante.

Como coach, seu papel é manter seus clientes responsáveis pela ação – é lembrá-los do que dizem que querem fazer. Evite ficar "cutucando" continuamente seus clientes. Simplesmente compartilhe o que observa e pergunte se uma atividade em particular os está levando para frente.

Eu sempre mantenho registros, para uso próprio, da pauta dos meus clientes e dos progressos sessão a sessão, assim, posso visualizar a jornada que estão empreendendo. Também encorajo-os a fazerem suas próprias anotações e a se prepararem para os nossos encontros. Nem todo mundo gosta de fazer anotações, porém, elas servem como um lembrete para reconhecer todos os sucessos, não importa o quão pequenos, ao longo do caminho.

Crie um formulário de rastreamento personalizado para seus clientes registrarem suas experiências nos momentos entre as sessões. Inclua algumas perguntas que chamem a sua atenção em relação a como eles estão se mantendo no caminho certo. Inclua espaço para que apreendam os pontos altos e baixos e os desafios que eles gostariam de trazer para a próxima sessão de coaching.

Capítulo 5

Optando por Sessões de Ganho Rápido

Neste Capítulo

- Começando com questões pontuais
- Jogando com as estruturas de coaching
- Navegando com os modelos de SCORE e de Níveis Lógicos
- Encorajando os clientes a agir

Em um mundo ideal, você se senta com seu cliente para uma sessão de coaching previamente marcada, que dura umas poucas horas, em um espaço tranquilo, sem interrupções. Mas pode acontecer de uma sessão de coaching ter que ser feita em um momento corrido, em um lugar movimentado – ou até mesmo pelo telefone. Quando seu cliente pergunta: "Posso ter uma palavrinha rápida com você?", como você responde?

Quando é preciso fazer um coaching rápido, modelos ou estruturas de coaching tiradas de seu próprio repertório mental são úteis. Caso seja um novato na área, ter alguns modelos fáceis de lembrar é valioso; assim se sentirá mais confiante e poderá aplicar coaching sem ter de recorrer a anotações. Estes modelos trazem alguns ganhos rápidos – ou seja, resultados rápidos para o cliente.

Neste capítulo, há duas estruturas de PNL criadas pelo especialista Robert Dilts para explorar questões. É possível aplicar os modelos SCORE e de Níveis Lógicos rapidamente em um contexto de coaching, usando-os tanto em conversas quanto em momentos de maior profundidade, enquanto explora problemas durante uma sessão mais longa.

Conhecendo o SCORE

O modelo SCORE oferece uma estrutura simples para mudar a forma de pensar nos problemas em busca das soluções. O SCORE trata de cinco elementos centrais em qualquer situação, fáceis de lembrar usando a sigla:

- **S**intomas são os aspectos de um problema que são conscientemente observáveis.
- **C**ausas são as razões menos óbvias que desencadeiam os sintomas.
- **O**bjetivos são os novos estados, comportamentos ou metas que assumem o lugar dos sintomas.
- **R**ecursos são os elementos que podem resolver o problema ao lidar com os sintomas (incluindo técnicas de PNL específicas de mudanças tais como um exercício de integração das partes) e que podem ajudar nos resultados.
- **E**feitos são as consequências de longo prazo dos resultados atingidos.

A Figura 5-1 mostra o modelo SCORE graficamente e define seus elementos com perguntas úteis. Descrevo cada elemento do modelo SCORE no tópico seguinte.

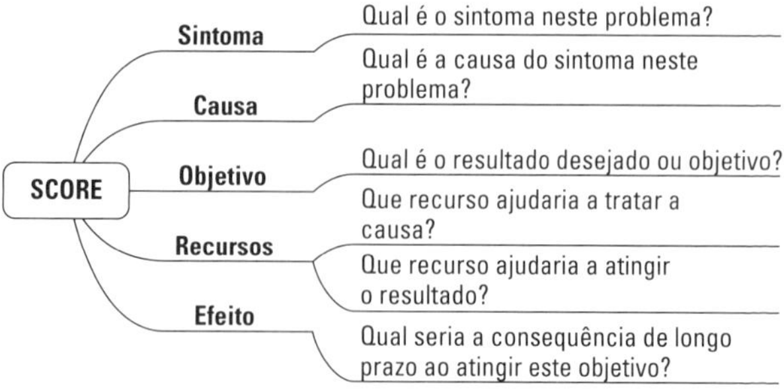

Figura 5-1: O modelo SCORE.

Conversando com SCORE

O modelo SCORE tem cinco elementos importantes. Como seria possível tratar de todos eles em um curto intervalo?

A curta conversa de telefone que se segue entre Jeff e seu coach dá uma ideia sobre o processo de incorporação dos elementos de SCORE de forma rápida e discreta. Todos os elementos deste modelo são tratados em apenas alguns minutos.

Coach: O que está acontecendo com você no momento? (Sintomas)

Jeff: Estou me sentindo muito ansioso a respeito de meu filho. Ele está agindo de uma forma totalmente irracional em relação ao período de provas que está chegando. Ele quer sair o tempo todo e não sossega para revisar a matéria.

Coach: Dá para sentir que isso é uma preocupação, e como esta ansiedade se apresenta para você? (Sintomas)

Jeff: Estou acordando às quatro da madrugada e, então, volto a dormir e acordo tarde me sentindo quebrado.

Coach: Algo mais? (Sintomas)

Jeff: Acho que realmente vou perder esta batalha com ele, e isso apenas fará com que as coisas piorem. Depois, quando venho para o escritório, não consigo me concentrar no que deveria. Eu realmente estou perdendo a concentração no projeto da China.

Coach: Sim, e o que realmente está por trás desta sua ansiedade? (Causas)

Jeff: Estou realmente preocupado pelo fato de que, se ele não estudar, não vai conseguir notas decentes e, com o mercado de trabalho tão difícil, ele não será capaz de conseguir um emprego.

Coach: O que toda essa preocupação está fazendo com você? (Causas)

Jeff: Bem, eu quero ser um bom pai.

Coach: Tenho certeza disso, e mais alguma coisa? (Causas)

Jeff: Estou preocupado que ele possa estar andando com as pessoas erradas.

Coach: Posso dizer que você é um bom pai, e estou ouvindo vários problemas aqui; um é sobre você – seus níveis de ansiedade e como isso está afetando o seu trabalho – e o outro é sobre seu filho – as provas dele e as companhias com quem ele anda. Qual seria a consequência ou o resultado mais útil para você focar neste exato momento? (Objetivos)

Jeff: Na verdade, estou muito cansado. A coisa mais importante é que preciso ser capaz de conseguir dormir à noite para poder pensar direito.

Coach: Como é este dormir? (Objetivos)

Jeff: Ah, uma felicidade! Uma boa noite indo cedo para a cama com um bom livro e ninguém me telefonando tarde da noite pedindo que eu vá buscá-lo.

Coach: O que vai melhorar quando você conseguir dormir assim? (Efeitos)

Jeff: Irei para o trabalho em um estado melhor para me concentrar.

Coach: E que diferença isso fará? (Efeitos)

Jeff: Oh, será enorme. Posso conseguir que a equipe trabalhe de maneira apropriada no projeto da China, então, o diretor ficará satisfeito, e eu provavelmente teria uma oportunidade de conseguir a promoção pela qual venho esperando nos últimos dezoito meses.

Coach: Então, isso parece realmente importante de se consertar! O que pode ajudá-lo a conseguir isso? (Recursos)

Jeff: Poderia pedir a minha esposa, Anita, para me deixar dormir enquanto ela vai buscar nosso filho.

Coach: O que mais? (Recursos)

Jeff: Poderia dar dinheiro a ele para um táxi.

Coach: E o que mais pode funcionar? (Recursos)

Jeff: Na verdade, isso diz respeito ao amor exigente. Sei como ser firme no trabalho e dizer às pessoas o que penso e o que precisa ser feito. O mesmo se aplica em casa.

Coach: Então, o que acontece agora? (Aqui, o coach está concluindo com um chamado para *empreender a ação*, explicada mais à frente neste capítulo.)

Jeff: Apenas vou dizer a ele que nós não iremos mais buscá-lo até que as provas tenham acabado; que eu e Anita iremos para a cama cedo para conseguirmos descansar um pouco e vou sugerir que ele faça o mesmo.

Coach: Isso é suficiente por enquanto?

Jeff: Sim, irei ter a conversa com ele hoje à noite, e direi a você como foi.

Nesta sessão de ganho rápido, Jeff se compromete a fazer algo de uma maneira diferente; em sessões posteriores de coaching, Jeff e seu coach podem explorar de forma mais profunda sobre o que pode ser necessário mudar no relacionamento entre Jeff e o filho. Ao longo da conversa, o coach se concentra no que Jeff precisa fazer para chegar a uma situação melhor e mais racional. O coach sabe que o cliente pode sair da situação difícil em apenas alguns minutos, se Jeff se comprometer a fazer uma coisa específica de forma diferente. Uma mudança pode diminuir a ansiedade do cliente.

Sintomas

Sintomas são os aspectos visíveis, tangíveis de um problema. Quando você vai ao médico, vai porque tem sintomas preocupantes ou dolorosos que indicam um problema. Você está procurando ajuda para eliminar os sintomas e restaurar a saúde de seu corpo.

Da mesma forma, os clientes chegam ao coaching com sintomas de graus variados. Eles podem estar com dores físicas ou psicológicas. Algumas perguntas de abertura e afirmações de coaching para explorar estes sintomas incluem:

- O que está acontecendo com você no momento?
- O que está experimentando?

- Qual é o problema?
- O que está impedindo que você atinja o que deseja?
- O que o impede de ser da forma que quer ser?

O cliente está convivendo com os sintomas, então, não gaste uma quantidade desproporcional de tempo neles – cinco a dez minutos devem ser suficientes.

Causas

Imagine que você estabelece para mesmo a tarefa de aparar um jardim, mas apenas limpa superficialmente o canteiro de dentes de leão com uma enxada. Não é de se surpreender que rapidamente as ervas daninhas voltem a aparecer. Tanto em coaching quanto em jardinagem, você deve cavar um pouquinho mais fundo e ir bem na raiz do problema se quiser atingir resultados duradouros.

Para produzir soluções de longo prazo, reserve um tempo para explorar um problema até o ponto em que esteja confiante de que está chegando na raiz da dificuldade. Esteja ciente de que as causas muitas vezes estão relacionadas com um sistema maior em que o cliente está inserido. Alguns sinais de que está chegando lá é quando o cliente lhe diz como a situação atual se relaciona a alguma coisa maior com a qual ele vem lutando já há algum tempo.

Algumas perguntas de abertura e afirmações para explorar as causas de um problema incluem:

- Quando este problema começou?
- O que parece desencadeá-lo?
- O que mais está acontecendo com você que pode estar causando tal dificuldade?
- O que o está impedindo de se livrar deste problema?

Uma causa pode incluir o que a PNL chama de *ganho secundário*, em que os clientes recebem algum benefício positivo ao se apegarem aos sintomas. Por exemplo, uma pessoa que está tentando perder peso fica na sua zona de conforto ao não sair em uma manhã fria para uma corrida. O adiamento pode proteger a pessoa da pressão de se envolver em um projeto em que poderá falhar.

Objetivos

O *objetivo* é o estado desejado, a situação onde o cliente quer chegar.

Sem um objetivo em mente, seu cliente não tem nada em que trabalhar em uma sessão de coaching; e você, como coach, não consegue ter uma compreensão real do problema que precisa ser resolvido ou da situação que possa ser mudada para melhor.

Algumas perguntas de abertura e afirmações para explorar resultados incluem:

- Qual é o seu objetivo, especificamente?
- O que você quer?
- O que você acha que ainda não tem o suficiente?
- Se pudesse conseguir o que quer, o que seria?

Neste ponto, apenas tenha a certeza de que o objetivo possa ser expressado de forma positiva e que o cliente tem o controle para atingi-lo. Lembre-o de que uma mudança começa com aquilo que ele pode mudar nele mesmo.

Recursos

Problemas podem requerer diversos recursos para serem solucionados. Recursos podem incluir uma mudança de crenças, alguma habilidade técnica ou a ajuda de outra pessoa. Com o objetivo de encontrar os recursos certos, você e seu cliente devem compreender a raiz causadora de um problema.

Algumas perguntas de abertura e afirmações para explorar recursos incluem:

- Que recursos – habilidades, crenças, ferramentas ou técnicas – você possui que o ajudarão a conseguir o que quer?
- Quem mais você conhece que poderia ajudar?

- Quando esteve em uma situação similar antes? O que fez naquela ocasião?
- Você conhece outras pessoas que estiveram em situações parecidas? Elas podem aconselhá-lo?
- Imagine-se daqui a alguns meses olhando para esta situação resolvida com sucesso. Que conselho teria para si mesmo atualmente?

DICA

Analise de maneira separada os recursos que possam ajudar um cliente a aliviar imediatamente os sintomas de um problema (por exemplo, resolver problemas com o sono) e os objetivos de longo prazo (mudar a natureza de um relacionamento cheio de conflitos e mal-entendidos). Tendo em vista que você está buscando ganhos rápidos, oriente a conversa para que o cliente preste atenção aos objetivos de curto prazo como uma prioridade que pode se ajustar aos maiores propósitos mais tarde.

Efeitos

Um resultado é normalmente um ponto de partida para uma *consequência*, a qual a PNL algumas vezes se refere como *resultado-meta*. Eu chamo de efeito o "objetivo para além do objetivo". Por exemplo, sua meta pode ser reformar seu quarto sobressalente, ainda que o efeito desejado seja poder convidar seus amigos e família para ficarem em sua casa com conforto.

Olhar além de um resultado para o efeito atingido, pode tanto aumentar a motivação do cliente para atingir seus objetivos quanto fazê-lo perceber que as metas em que ele vem trabalhando precisam ser reavaliadas.

Algumas perguntas de abertura e afirmações para explorar efeitos incluem:

- O que este objetivo fará por você?
- Qual será a consequência final quando atingir este objetivo?

- Qual é o objetivo além do objetivo imediato?
- Depois que fizer isso, o que vai acontecer em seguida?

Mantendo o SCORE

Trabalhar com uma estrutura simples como o SCORE lhe possibilita dividir um problema em partes menores e, então, identificar e lidar com aqueles aspectos que terão maior impacto. Você pode usar um formulário de SCORE de várias maneiras: inicialmente, use-o na sessão de coaching para recolher as informações a serem fornecidas ao cliente. Se ele achar o processo útil, peça que ele mesmo o preencha para outro desafio e o traga para o coaching para que possam revisarem em conjunto.

A Tabela 5-1 é um exemplo de um formulário preenchido por uma cliente, Amy, que quer um novo emprego e trabalha como cabeleireira em uma pequena comunidade onde é benquista, ainda que ganhe pouco. Trabalhando com uma coach, Amy apareceu com um plano prático para criar um currículo mais bem elaborado e distribuí-lo em sua rede de contatos para atrair novas oportunidades. Contudo, sua coach também notou que Amy tem alguns problemas de confiança acerca de sua identidade como cabeleireira e suas percepções sobre mudar para um ambiente de negócios. A coach sugeriu que elas tratassem dos outros problemas maiores em sessões posteriores.

Amy tinha um resultado claro na cabeça – ela desesperadamente queria um novo emprego – desta forma, isso entrou na primeira coluna da Tabela 5-1. Se não tivesse um resultado claro em mente, ela teria deixado esta coluna em branco e inserido todos os sintomas na coluna 2. Avise ao cliente que você irá se movimentar pelas colunas acrescentando informações na coluna apropriada à medida que elas surjam.

Tabela 5-1 Quadro SCORE de Amy

Objetivo	*Sintomas*	*Causa*	*Efeito*	*Recursos*
Quero um emprego bem remunerado que me dê satisfação.	Estou paralisada, não ganho dinheiro suficiente e estou entediada.	Meu currículo não está concluído. Estou presa na minha zona de conforto. Estou preocupada que, caso mude de trabalho, eu seja a primeira a ficar desempregada. Não tenho muitos conhecimentos em computação. Trabalho muito perto de casa e tenho uma boa amizade com os donos do meu atual salão.	Vou melhorar a qualidade da minha vida e poderei viver na minha casa própria com meu namorado e alguns filhotes – nós dois amamos gatos.	Sei que trabalho bem e que posso enfrentar desafios porque parei de fumar. Um amigo irá me ajudar com meu currículo. Eu tenho uma boa rede de contatos para procurar por oportunidades. Sei que eu posso fazer isso. Na verdade, eu sou determinada quando quero algo.

Aprimorando os Níveis Lógicos

Quando os clientes levam vidas cheias e ocupadas, podem descobrir que estão prestando atenção mais a uma área da vida, às custas de outra, e podem procurar maneiras de mudar esta combinação. O modelo de *Níveis Lógicos* é uma estrutura clássica de PNL que ajuda você a trabalhar com clientes para rapidamente reajustar a mistura entre aspectos de suas vidas, identificando exatamente em que ponto a mudança precisa acontecer. Este modelo ilustra a interação entre sentimentos, pensamentos e ações para criar um senso de propósito. O modelo é uma ferramenta eficaz que muda as atitudes dos clientes, ajudando-os a se sentirem motivados e inspirados.

ALERTA DE JARGÃO DA PNL: No mundo de PNL, *congruência* descreve a sensação de poder e bem-estar que surge quando você está agindo de acordo com o que sente ser certo em todos os Níveis Lógicos.

DICA: Tente elaborar o gráfico de Níveis Lógicos da Figura 5-2 para seu cliente. O desenho é particularmente útil, porque desmembra visualmente um problema em suas partes componentes, e a maioria das pessoas é mais suscetível a visualizações. Ao compartilhar o modelo, você dá aos clientes uma ferramenta treinarem a si mesmos quando se sentirem empacados em situações futuras.

Figura 5-2: A pirâmide de Níveis Lógicos.

Os seis níveis onde a mudança pode ser necessária para retomar o equilíbrio são:

- O ambiente em que você é produtivo.
- Seu comportamento.
- Suas habilidades, capacidades e talentos.
- Suas crenças e valores.
- Seu senso de identidade ou função.
- Seu senso de propósito ou conexão.

Ambiente

O *nível do ambiente* se refere às oportunidades externas ou restrições: pessoas que você encontra, lugares onde vai, o tipo de organizações e grupos em que você age.

Algumas perguntas para explorar os fatores ambientais incluem: *onde, quando e com quem*, tais como:

- Onde você se produz melhor?
- Quando está mais satisfeito?
- Com quem você trabalha melhor?

Comportamento

O *nível comportamental* é feito de ações específicas dentro do ambiente e responde às perguntas do tipo *o que* e *qual*.

Algumas perguntas para explorar os fatores comportamentais incluem:

- O que você está fazendo nesta situação específica?
- O que não está fazendo?
- O que você precisa fazer de maneira diferente?
- Qual é o comportamento típico aqui?

Aptidões e habilidades

Este nível do modelo se refere a conhecimentos e habilidades, o "como fazer", que guia e direciona o comportamento. Perguntas de aptidões e habilidades respondem à pergunta "como?". Elas se relacionam à experiência e às qualidades pessoais, bem como a habilidades técnicas formais e ao conhecimento.

Algumas perguntas para explorar os fatores das *aptidões* e *habilidades* incluem:

- Como você está usando suas habilidades e talentos?
- Que novas habilidades você pode precisar?
- O que está fazendo no momento que se adapta a todo o seu conjunto de habilidades?
- Que habilidades você precisa adquirir para fazer as coisas de forma diferente?

Crenças e valores

As Crenças e os Valores fornecem os reforços (energia subjacente, motivação e permissão) para ajudar ou negar suas capacidades. Este nível é potencialmente mais desafiador de investigar porque explora a pergunta *por quê*? As *crenças* são as suposições fundamentais que as pessoas fazem sobre si mesmas, os outros e o mundo a sua volta; elas são tipos de generalizações que podem ou não ser verdadeiras. *Valores* são os critérios inconscientes que guiam as escolhas de um indivíduo, e a importância relativa de valores diferentes que podem mudar ao longo do tempo. Como as crenças, eles são diferentes para cada cliente. Muitas pessoas compartilham os mesmos valores, por exemplo, honestidade ou família, ainda que se comportem de maneiras diferentes para respeitarem esses valores. Examino valores e crenças com mais profundidade no Capítulo 8.

Algumas perguntas para explorar fatores de crenças e valores incluem:

- O que é importante para você?
- O que você defende como verdadeiro?
- Em que crenças ou suposições você se apoia?
- O que você acha que pode estar lhe detendo?

Identidade

Você desempenha muitos papéis na vida, e estas identidades ou papéis são fundamentais para a sua autoconsciência. Explorar tais aspectos responde à pergunta "*quem?*". Muitas vezes, os clientes têm alguns conflitos entre diferentes papéis (por exemplo, pai *versus* trabalhador) ou uma sensação de ser um impostor em um novo papel, especialmente se lhes falta experiência ou habilidades específicas.

Algumas perguntas para explorar fatores de identidade incluem:

- Quem é você nesta situação?
- Quem você irá se tornar?
- Que papéis você desempenha? Que papéis você quer desempenhar?
- Como esta situação em que você se encontra se ajusta ao seu sentido de identidade?
- Como você se descreve?

Propósito

O nível de *propósito* vai além da autoconsciência para se relacionar com o todo da missão ou visão. Neste nível, você está fazendo as perguntas "*para quê?*" ou "*para quem?*". Explore o senso de propósito dos clientes, sua contribuição e conexão com os outros – ingredientes essenciais para sentir que a vida vale a pena.

Algumas perguntas para explorar os fatores de propósito incluem:

- Que significado extraio desta experiência?
- De modo que está acontecendo aqui se ajusta ao meu propósito geral?
- Por que razão eu estou me comportando desta maneira?
- Como esta situação se conecta com o todo?
- Como minha experiência se relaciona com outras áreas da minha vida – ou da vida de outros?

DICA

Com muita frequência, as conversas de *coaching* nunca se aventuram para além dos níveis do ambiente, comportamento e aptidões, porque estes níveis são geralmente bem seguros e factuais. Mas coaches que estão dispostos a mudar a conversa para os níveis mais altos de valores, crenças, identidade e propósito testemunham uma transformação em seus clientes porque eles estão se reconectando com as coisas que tocam profundamente as pessoas. Assim, certifique-se de tratar estas conversas de maneira sensível, sem julgamentos e com o máximo respeito pelo bem-estar de seu cliente.

Impulsionando a Consciência para a Ação

Os modelos SCORE e de Níveis Lógicos ajudam você a libertar o pensamento criativo de seus clientes, levando-os de um ponto em que estão empacados para um certo grau de consciência sobre o que os está detendo e o que eles gostariam que fosse diferente.

Mas a mera consciência do que está acontecendo não é o suficiente para fazer a mudança acontecer. Apenas saber o que está acontecendo não resolve o problema, embora o desenvolvimento deste conhecimento seja uma parte essencial do ciclo de coaching. A consciência precisa resultar em ação, o que significa a adoção de novos hábitos e comportamentos.

Até mesmo a mais breve sessão de coaching fica incompleta sem uma conclusão que reforce a necessidade de partir para a ação. Algumas perguntas simples para desenvolver ações incluem:

- O que acontece agora com você?
- O que você fará agora com esta consciência?
- Como você gostaria que eu o responsabilizasse?
- Do que mais precisa para entrar em ação?
- Qual é o primeiro passo? E quando?

Capítulo 6

Ganhando Maior Clareza

Neste Capítulo

- Expondo os pontos cegos
- Descobrindo – e entendendo – os mapas mentais
- Elaborando perguntas poderosas
- Desenvendo suas habilidades para ouvir

Quando seus clientes chegam para o coaching, eles trazem ideias, crenças e experiências do mundo que moldam as suas percepções do que é possível para eles. Você também chega com suas próprias ideias, crenças e experiências do mundo que moldam sua percepção do que é possível para eles. O objetivo do coaching é criar caminhos alternativos contornando as percepções que limitam a capacidade de uma pessoa de atingir seu pleno potencial.

ALERTA DE JARGÃO DA PNL

De acordo com a PNL, todos criamos *mapas mentais* do mundo – isto é, as pessoas fazem suas próprias interpretações sobre como o mundo funciona, e cada pessoa tem um mapa diferente. Contudo, na PNL, *o mapa não é o território*. Estes mapas mentais, como o da sua cidade, são apenas imagens construídas; eles não são a coisa real. De fato, qualquer mapa – geográfico ou mental – é uma abstração que omite as riquezas de detalhes.

Em geral, as pessoas buscam o coaching quando sentem que a vida está confusa ou sobrecarregada de alguma maneira. Normalmente, a pergunta que procuram responder se concentra em: "Como pode a vida (ou um aspecto dela) ser melhor para mim?". O coaching lida com os pontos cegos dos clientes, coisas das quais eles não têm consciência que desconhecem. Suas suposições emergem para que eles possam criar mapas novos e melhores. Os clientes questionam se o que pensam e o que estão fazendo no momento serve bem aos seus interesses futuros. Eles começam a reconhecer seus sucessos e a advogar pelos seus seus talentos.

Lidando Conscientemente com os Pontos Cegos

Quando os clientes buscam o coaching, em geral fico perplexa ao ver como escondem seus talentos e permanecem à sombra de suas vidas. São raras as vezes que as pessoas chegam com uma mentalidade de"olhe para mim, eu quero ser famoso"; normalmente elas são muito mais contidas e modestas.

Enquanto estar lá fora, sob os holofotes o tempo todo, obviamente não for apropriada, testemunhar seus clientes se expondo aos próprios holofotes no momento certo pode ser muito satisfatório. Como diz meu professor de escrita criativa, David, ao nos encorajar a sermos mais aventureiros: "Eu quero que vocês pintem em telas maiores".

As pessoas têm pontos cegos acerca de seus talentos – e suas fraquezas também. Ao esconder sua luz, estes talentos ficam no escuro. Muitas pessoas têm medo de pedir feedback, porque temem ouvir algo crítico demais ou têm medo da vulnerabilidade decorrente de se expor. Mas quando conseguem buscar a opinião dos outros acabam se surpreendendo com os benefícios positivos.

DICA

Incite os clientes a adquirirem o hábito de pedir a pessoas em cujo julgamento confiem, um feedback honesto e imparcial. Ao encorajar seus clientes a pedirem feedback e assumirem os riscos acerca de suas vulnerabilidades, eles criam mais autoconsciência e confiança, e os pontos cegos ficam menores.

O coaching começa com o estímulo à autoconsciência, e a *janela de Johari*, ilustrada na Figura 6-1, oferece um modelo útil para compartilhar com os clientes no início de um relacionamento de coaching (o nome deste modelo é derivado dos primeiros nomes de seus inventores, Joseph Luft e Harry Ingham).

	Conhecido ao eu	Não conhecido ao eu
Conhecido a outros	Aberto	Cego
Não conhecido a outros	Escondido	Desconhecido

Figura 6-1: A janela de Johari.

O modelo da janela de Johari é uma matriz com quatro quadrantes-chave:

- **A janela aberta** representa o que todos nós sabemos, os detalhes de domínio público. Por exemplo, todos sabem que você tem cabelo louro, qual é o seu trabalho, que é uma pessoa confiável. A janela aberta é o espaço em que se sente livre para ser você mesmo e permitir que os outros vejam quem você é.
- **O ponto cego** é o que os outros sabem sobre você, mas que você não percebeu em si mesmo. Por exemplo, as pessoas podem saber que você move montanhas para ajudar os outros e é um fantástico perito em planilhas, mas você pode ser cego em relação a estas qualidades (afinal, você assume que todo mundo é capaz de fazer estas coisas). A forma de expor seu ponto cego é pedir feedback para saber onde você se destaca e que hábitos irritantes atrapalham seu caminho.
- **A informação escondida** é o que você sabe sobre si mesmo e que outros não sabem. Esta informação somente passa para a janela aberta da estrutura se e quando você a revela. Por exemplo, você pode ter coisas que escolhe manter privadas ou talentos que não pensou em compartilhar, como minha amiga Judy, que nunca pensou em dizer a seus colegas que ela tinha feito uma prova de fluência em russo, até que foi a uma feira de comércio em Moscou. Eles ficaram chocados com sua capacidade de ler os sinais e traduzi-los para eles; ela subiu no conceito deles naquela semana.
- **A informação desconhecida** contém o que você e os outros não sabem sobre você. Vamos exemplificar: você pode não saber, por exemplo, o quão calmo pode ficar em uma crise, até que seja colocado na situação, ou ainda, descobrir que é um coach inato.

Experimente!

O coaching pode encorajá-lo a ampliar as fronteiras de seus talentos à medida que você se aventura em território desconhecido. No início de uma tarefa de coaching, solicite a seus clientes que desenhem suas próprias janelas de Johari, que poderão consultar regularmente em outras situações durante o coaching. Eles podem fazer isso sozinhos, como uma tarefa fora da hora da sessão de coaching, e trazer o resultado para discutir com você. Peça que façam anotações em cada quadrante inspirados pelas perguntas a seguir. As janelas de seus clientes se tornam registros vivos de sua jornada de autoconsciência através do coaching, de modo que possam acompanhar o seu crescimento.

- Na janela aberta: O que todos sabem sobre mim, quem sou e o que quero?
- Na janela cega: O que as outras pessoas sabem sobre mim? O que estou aprendendo ao pedir feedback?
- Na janela escondida: O que estou disposto a revelar sobre mim mesmo? O que os outros podem gostar de saber?
- Desconhecido: O que estou descobrindo sobre mim mesmo que ninguém sabia?

Criando e Usando os Mapas Mentais

A PNL oferece uma visão sensata da psicologia humana. O modelo de Comunicação de PNL ilustrado na Figura 6-2 explica como as pessoas criam seus mapas mentais.

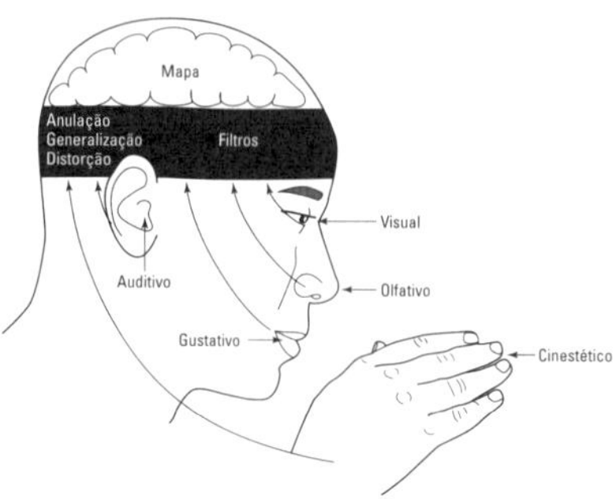

Figura 6-2: O modelo de Comunicação de PNL.

Todas as pessoas, incluindo seus clientes, passam pelo processo que a Figura 6-2 ilustra. Especificamente, eles:

1. **Reúnem tipos específicos de informação sobre uma ocorrência através de cada um dos cinco sentidos:**
   - Visual: visão.
   - Auditivo: audição.
   - Cinestésico: toque/sentimento.
   - Olfativo: cheiro.
   - Gustativo: gosto.
2. **Filtram a informação de três maneiras:**
   - Distorção.
   - Generalização.
   - Anulação.

   Veja o tópico mais adiante "Filtragem de informação" para mais detalhes sobre esses filtros.
3. **Criam uma representação interna, ou mapa, do mundo ao redor deles.**

   Uma *representação interna* se refere às imagens que você vê e aos sons que ouve em sua cabeça ou aos sentimentos que são gerados dentro de você em resposta à informação que coleta do mundo ao seu redor. Estas visões, sons e sentimentos são tudo aquilo que sobra da informação depois que ela passa pelos filtros.
4. **Criam um estado de espírito que combine o seu modelo mental com o físico.**
5. **Comportam-se em resposta a este modelo.**

   Por exemplo, quando está ansioso, este sentimento afeta o que você observa, as palavras que diz e o som de sua voz.

Preferindo um sentido em detrimento de outro

Os clientes têm *sistemas representacionais orientador ou de preferência* que determinam ao que prestam atenção e como preferem pensar. Procure por pistas das preferências de seus clientes nas palavras ditas por eles e na linguagem corporal, como destaca a Tabela 6-1.

Tabela 6-1 Reconhecimento de Preferências Representacionais

Preferência	*Pistas de Linguagem*	*Pistas de Linguagem Corporal*
Visual	Isso se parece... Eu posso ver... Minha perspectiva é...	Postura ereta e forte Olhar para cima, para o céu ou para o teto.
Auditivo	Isso soa como... Posso ouvir... Minha pergunta é...	A cabeça para um lado e uma mão ao lado do rosto, como se estivesse escutando alguém ao telefone. Ouvindo principalmente com um ouvido quando alguém está falando.
Cinestésico	Tenho a impressão de que... Posso tocar isso... Minha reação emocional é...	Postura mais arredondada e relaxada, focando a atenção ao redor do estômago. Muitas vezes gostam de segurar alguma coisa, como uma caneta, enquanto estão falando.

Filtrando informações

Para lidar com a enorme quantidade de informação que chega até você através de seus sentidos, seu cérebro a filtra de três formas: apaga, distorce e generaliza a informação. Para ganhar maior clareza, você precisa reconhecer o que especificamente seus clientes estão filtrando e como esta interferência de informação filtrada pode afetar seu potencial.

Distorção

Uma *distorção* é uma falsa representação dos fatos ou má interpretação do que está sendo dito. Uma cliente pode dizer a você que ela tem sido maltratada por seus colegas, ainda que você possa obter um ponto de vista completamente diferente se trabalhar com os colegas dela.

Quando suspeitar que um cliente pode estar distorcendo uma situação, use as seguintes perguntas para contestar a distorção:

- Isto é verdade?
- Qual é a prova imparcial?
- Como você sabe que este é o caso?

Generalização

Quando você agrupa uma série de acontecimentos sob um título, está fazendo uma *generalização*. Ela pode se relacionar a coisas e pessoas, assim como a fatos. Este sistema de filtragem pode oferecer enormes benefícios na compreensão das informações. Imagine se tivesse que reaprender como digitar em um teclado a cada vez que usasse um computador diferente. Felizmente, você pode aplicar sua habilidade generalizada de digitar a uma variedade de situações e atingir resultados úteis.

Em coaching, procure por palavras como "todos", "sempre" e "nunca". Preste atenção a afirmações genéricas como "Não tenho confiança", "Sou imprestável falando para grupos" ou "Ninguém gosta de mim, porque eu sou sul-africano". Em todos casos, os clientes estão, provavelmente, generalizando a totalidade de suas experiências a partir de um ou dois exemplos.

Algumas perguntas para superar generalizações incluem:

- Este é sempre o caso?
- O que é uma exceção para esta regra?

- Dê um exemplo de um tempo quando você conseguia... ser confiante? Falar com um grupo? Ser querido apesar de sua nacionalidade?

Anulação

A *anulação* ao permitir que a mente consciente ignore um grande número de informações tem o benefício de deixar que você lide com as mensagens que sobram. O aspecto negativo é que você pode ignorar informações importantes.

Preste atenção ao que os clientes não estão observando sobre eles mesmos ou em relação às situações. Algumas perguntas para recuperar informações anuladas são:

- O que você está ignorando aqui, não observando?
- O que está faltando?
- Você pode me dizer mais?

Permitindo que o inconsciente se envolva

Em termos de PNL, sua mente consciente é a parte que está ciente do que está acontecendo a sua volta neste exato momento; o resto é sua mente inconsciente ou subconsciente. Cada uma delas se destaca em um tipo diferente de coisas, como mostra a Tabela 6-2. A PNL torna os clientes capazes de usarem todas as suas mentes, não apenas a consciente, para criar mapas mentais proveitosos.

Tabela 6-2 Comparação entre a Mente Consciente e a Inconsciente

A Mente Consciente se destaca em:	*A Mente Inconsciente é melhor em:*
Trabalhar linearmente	Trabalhar holisticamente
Processar sequencialmente	Intuição
Lógica	Criatividade

Tabela 6-2 Comparação entre a Mente Consciente e a Inconsciente

A Mente Consciente se destaca em:	*A Mente Inconsciente é melhor em:*
Linguagem Verbal	Administrar suas funções corporais (tal como respirar)
Matemática	Cuidar de suas emoções
Análise	Guardar recordações

LEMBRE-SE

Em coaching, à medida que você consegue que seus clientes decidam onde eles querem chegar e os ajuda a imaginar como pode ser, a mente inconsciente fica livre para trabalhar em ajudá-los a conseguirem o que querem.

EXPERIMENTE!

O exercício seguinte emprega a criatividade da mente inconsciente criando uma representação do futuro que sua cliente armazena como uma lembrança. Depois que a recordação é criada, o SAR vai trabalhar para filtrar a informação através de outras partes do cérebro que a ajudam a atingir o objetivo.

1. **Peça ao seu cliente que expresse seu objetivo ou desejo positivamente.**

   Um exemplo de objetivo pode ser "Eu quero me sentir relaxado quando for para casa à noite" ou "Quero dar a melhor aula que já dei".

2. **Solicite ao seu cliente que coloque um pedaço de papel no chão e, depois, pise nele.**

   O papel representa um momento no futuro quando seu cliente atingiu a meta.

3. **Enquanto ele está em cima do papel, peça a seu cliente para imaginar o futuro, quando o objetivo é alcançado.**

4. **Peça a seu cliente para descrever com detalhes os diversos elementos do futuro.**

Ele deve descrever:

- Os elementos visuais: O que você pode ver? Quais são as imagens ao seu redor?
- O auditivo: Quais são os sons? O que você ouve?
- O cinestésico: O que você sente? Quais são as texturas que você toca?
- O olfativo: Que cheiros sente?
- O gustativo: Que gosto tem?

Não se enrede no conteúdo prático de *como* alguma coisa irá acontecer. Simplesmente fique com a informação sensorial e encoraje seu cliente a apreciar o simples fato de criar a perfeita experiência futura para si mesmo. Alguns clientes acham mais fácil acessar uns sentidos do que outros. Você pode precisar, dar pistas, tais como: "Se tivesse uma trilha sonora, ela seria barulhenta ou leve?" ou, "se você pudesse provar alguma coisa, isso seria apimentado ou suave?". Se um sentido não está presente, então deixe para lá.

5. **Solicite a seu cliente que perceba a experiência como se ele estivesse dentro de um filme sobre sua vida e se divertindo.** Ele irá naturalmente manter a lembrança inconscientemente. Pergunte a ele o que ajudará a conservar a experiência conscientemente para o futuro, Pode decidir simplesmente arquivar isso mentalmente, fazer uma anotação por escrito, desenhar uma figura ou encontrar um objeto pequeno ou uma melodia que a lembre disso.

Elaborando Perguntas Poderosas

Perguntas eficazes atravessam a hesitação e a confusão dos clientes para revelar informações necessárias que beneficiam tanto o cliente quanto o relacionamento de coaching.

Avalie a força de suas perguntas perguntando a si mesmo se elas:

- Demonstram que você está escutando e entendendo a perspectiva de seu cliente.
- Desafiam as suposições de seus clientes.
- Criam clareza, novas possibilidades e aprendizado para seu cliente.
- Fazem com que seu cliente se aproxime do que quer.

Encontrando a melhor pergunta

Uma das suposições de PNL ou *pressuposições* é que "o significado de qualquer comunicação é a resposta que você recebe". Você sabe se a pergunta que fez conseguiu atingí-los pela resposta que recebe; os clientes sinalizam que a pergunta foi eficaz respondendo diretamente:"Esta é difícil de responder!" ou através da linguagem corporal.

Dê a suas perguntas tempo para serem absorvidas. Tente a regra dos oito segundos e espere este tempo depois de fazer uma pergunta antes de dizer qualquer coisa a mais. Conte os segundos em sua cabeça; você pode se surpreender com o quanto oito segundos demoram a passar. Nada é mais confuso para um cliente do que ser inquirido várias vezes sem que tenha tempo para pensar e responder.

Coachs devem criar um repertório de boas perguntas. Pegue um caderno e comece a juntar perguntas que você mesmo utiliza, ouve de outros coaches ou com as quais se depara em livros e treinamento. Agrupe-as em categorias úteis. A Tabela 6-3 lista algumas categorias e perguntas úteis. Encontre outras que tenham algum significado para você.

Tabela 6-3 Exemplos de Perguntas Eficazes

Tipo de Pergunta	*Exemplo*
Ação	O que vem agora?
	Qual é o primeiro passo?
	O que você irá fazer? Quando você faz isso?
Hipotética	Se isso já tivesse acontecido e você olhasse para trás, o que perceberia?
	Avance um ano. O que consegue perceber depois que tudo foi esquecido?
Crenças	No que acredita – ou precisa acreditar?
	Como as crenças de outras pessoas estão ajudando ou prejudicando aqui?
	Como é acreditar em si 120%?
Brainstorming	Aponte dez maneiras de mudar isto?
	Quais são as possibilidades aqui?
	Quais são as opções mais turbulentas?
	O que você faria se não houvesse limites?
Diversão	Se algo fosse tão divertido que você não pudesse resistir, o que estaria fazendo?
	Como você poderia tornar isso divertido?
	Quem você consegue fazer rir?
Resumindo	Como você resumiria onde você está?
	Qual sua conclusão?
Resultados	O que você quer?
	O que seria um bom resultado para você?

Fazer perguntas é uma habilidade fundamental em coaching. Então, já que estou discutindo este tópico, aqui vai um lembrete sobre o modo como a PNL acrescenta algumas ferramentas extras ao repertório do coach. As perguntas cartesianas são particularmente proveitosas quando um cliente se depara com uma decisão importante, enquanto a estrutura dos Níveis Lógicos ajuda você a escolher a mais adequada.

Perguntas cartesianas

Os clientes trazem suas decisões e dilemas mais importantes para o coaching:

- Devo deixar meu emprego? Meu companheiro? Minha cidade natal?
- Devo investir neste treinamento? Neste negócio? Neste novo supercelular?

Estas e outras grandes questões possuem respostas pessoais profundas. Como você pode ajudar seus clientes a tomarem as melhores decisões para eles, independentemente do que você faria na mesma situação?

A PNL oferece quatro perguntas-chave, conhecidas como cartesianas, para orientar seu cliente a tomar a decisão, quer seja sobre uma mudança de vida ou algo menor.

- O que acontecerá se você o fizer?
- O que acontecerá se não o fizer?
- O que não acontecerá se você o fizer?
- O que não acontecerá se você não o fizer?

As quatro perguntas se baseiam na lógica cartesiana. Tudo o que você precisa se lembrar é que elas oferecem padrões de linguística eficazes que possibilitam que você examine um assunto a partir de diferentes ângulos. Fazer tais perguntas concentra a atenção do cliente e desafia seu modo de pensar. Ao chegar à última pergunta, é possível que os clientes digam: "Isso é confuso!". Bom!. Você está chegando a um ponto para avançar. A confusão é o caminho para a compreensão.

Estas perguntas estimulam as pessoas a olharem para decisões baseadas no impacto geral em suas vidas, de uma maneira saudável – o que é chamado de *verificação ecológica*. Quando os clientes mudam uma área de suas vidas às custas de outra, é provável que a mudança não dure muito.

Níveis Lógicos e questionamento

O modelo dos Níveis Lógicos da PNL é uma estrutura valiosa para fazer perguntas aos clientes em seis níveis diferentes para esclarecer os pontos.

Cada nível atrai um tipo particular de pergunta, que direciona o pensamento dos clientes em diferentes sentidos.

- **Seu ambiente:** Onde, quando e com quem você passa seu tempo?
- **Como eles se comportam:** O que você está fazendo?
- **Suas habilidades, capacidades e talentos:** Como você faz isso?
- **Suas crenças e valores:** O que é mais importante para você? No que acredita?
- **Seu senso de identidade ou função:** Quem é você?
- **Seu senso de propósito ou conexão:** Por que está aqui?

À medida que desenvolve suas questões, observe em que níveis lógicos você está trabalhando. Ao amadurecer como coach, vai querer ir além do coaching, que somente trata dos níveis mais baixos dos problemas de ambiente, comportamento e habilidades. Os grandes esclarecimentos surgem para os os clientes quando eles questionam as crenças e os valores que os movem e reconhecem seu senso de identidade e propósito na vida.

Propondo uma inquirição para ser pensada em casa

Uma inquirição é uma pergunta particularmente eficaz para finalizar uma sessão e pedir ao cliente para analisar os problemas a partir de uma perspectiva maior de vida. A inquirição tem o potencial de alterar o foco do *fazer* no nível de comportamento do modelo de Níveis Lógicos de PNL para o *ser*, no nível de identidade.

EXPERIMENTE! Compile uma lista de inquirições para serem passadas a um cliente como um exercício de exploração. Escolha aquelas que chamam a atenção para o senso de identidade e propósito de seu cliente, tais como:

Identidade: Que tipo de líder sou na minha própria vida? Quem eu gostaria de ser?

Propósito: O que me motiva a ser apaixonado? Como sei quando estou agindo com propósito?

Escutando Atentamente

Escutar é potencialmente a mais difícil habilidade da vida, e é ainda mais em coaching. Quantas vezes você não pensou que estava ouvindo atentamente alguém até que percebeu que sua mente estava vagando por aí? Inevitavelmente, uma palavra ou frase de outra pessoa faz uma conexão em seu cérebro, colocando uma trilha de lembranças ou possibilidades em movimento.

A *International Coach Federation* define *o escutar ativo* como "a capacidade de se concentrar *completamente* no que o cliente está dizendo e no que não está dizendo para entender o significado do que é dito no contexto dos desejos do cliente e para ajudar em sua autoexpressão". Que obrigação difícil de ser seguida – escutar o que está e o que não está sendo expressado!

Escutar requer a habilidade de ficar em silêncio e de saber o momento para introduzir uma pergunta ou comentário que impulsione o cliente para adiante. Escutar é uma habilidade importante para criar um espaço de assimilação das:

- Preocupações.
- Objetivos.
- Valores e crenças.
- Pistas não verbais.

Escutando em quatro níveis

Nos meus workshops de habilidades de coaching, ensino o seguinte modelo para escutar, que combina posições perceptuais de PNL com o trabalho de Adam Kahane ("Escutar com empatia").

ALERTA DE JARGÃO DA PNL

Uma das maneiras pelas quais a PNL encoraja você a construir rapport com as pessoas é distinguindo três pontos de vista, conhecidos como *posições perceptuais*. O primeiro posicionamento é o seu próprio ponto de vista; o segundo envolve trocar de lugar com alguém, colocando-se em seu lugar; e o terceiro é tomar um posicionamento independente.

Em workshops praticamos, em grupos pequenos, os quatro tipos de audição seguintes para que as pessoas possam realmente sentir a forma como elas normalmente funcionam e o que precisam para aprimorar o nível de audição. Enfim, os coaches precisam encontrar sua criatividade no nível mais elevado de audição – o de metaposicionamento – para desenvolver um coaching eficaz.

- **Transmissão.** Ao transmitir você diz o que sempre diz. Você está preso ao que a PNL chama de primeiro posicionamento, em que apenas expressa seu ponto de vista sem perceber a outra pessoa. Neste nível, basicamente você está descartando informações.
- **Debate.** Ao debater, você começa a reconhecer a outra pessoa na interação, escutando abertamente o outro (você está ciente deste segundo posicionamento). Dá tempo ao outro para falar e espera a sua vez, escutando com sua mente racional.
- **Audição empática.** Neste nível, você abre seu coração para ouvir a partir do posicionamento da pessoa que está contando a história. A qualidade do diálogo melhora à medida que você sente empatia e verdadeiramente consegue chegar ao segundo posicionamento, capaz de compreender os problemas dos outros e refleti-los de volta em seu diálogo.
- **Audição de metaposicionamento.** Neste nível, você assume a terceira posição perceptual de PNL, onde escuta a partir de uma postura independente, do tipo "mosca na parede", ainda que esteja conectado com a outra pessoa. Você está visualizando o quadro geral a partir dos pontos de vista existentes e escutando com todo o seu coração e alma a todos os elementos do sistema em que seu cliente opera. Este é o nível de audição em que se pode gerar as mais criativas soluções.

Escutando além das palavras

Pesquisas sugerem que somente uma proporção muito pequena da comunicação é afetada pelas palavras realmente ditas – talvez apenas 7%. A implicação é que você ouve ainda melhor quando se concentra em suas habilidades não verbais de combinar e espelhar, a linguagem corporal e o tom de voz de seu cliente.

Capítulo 7

Dando Vida a Seus Objetivos

Neste Capítulo

- Verificando as condições para um objetivo bem formulado
- Aumentando a criatividade com a ajuda de Disney
- Desenvolvendo comportamentos novos e convincentes

Algumas pessoas sabem o que querem da vida desde muito cedo; elas se sentem compelidas a escalar montanhas, entrar no palco ou voar alto para atingir aquilo que ambicionam. Por esta razão, ferramentas e métodos para imaginar o futuro, criar estratégias e executar planos podem ser naturais para elas. Outras pessoas preferem que a vida se desenrole de uma maneira própria e não querem que a fixação de objetivos atrapalhe a sua espontaneidade.

A PNL sugere que sonhar é uma coisa boa. O coaching encoraja as pessoas a correrem atrás de seus sonhos agindo de maneira adequada. A fixação de objetivos é a essência do coaching, ainda que o objetivo seja muito mais mudar a atitude do cliente a cada dia do que obter resultados rápidos em projetos específicos. Na verdade, um objetivo sensato para um cliente pode ser permitir que ele seja mais espontâneo e que se despreenda de estar sempre no controle de sua vida.

Verificar se os Objetivos Estão Bem Formulados

Coaches compreendem o valor de estabelecer objetivos com os clientes. As metas têm de ser motivantes e realísticas e, ao mesmo tempo, levá-los na direção do que mais desejam. Talvez você já esteja familiarizado com os princípios do S.M.A.R.T. De acordo com o S.M.A.R.T., os objetivos precisam ser Específicos (*Specific* – em inglês), Mensuráveis (Measurable), Atingíveis (Achievable), Realísticos

(Realistic) e com Tempo (Time) determinado (daí o acrônimo em inglês). Esta abordagem inspira o foco e a disciplina, valiosos para o processo de fixação de objetivos no qual a PNL se baseia. Ao incluir informações de especificidade sensorial e orientar os clientes através de um processo comprovado, você os ajuda a criar mudanças significativas.

A abordagem da PNL para tornar os objetivos S.M.A.R.T ainda melhores é conhecida como *processo de resultados bem formados*. O processo requer que você responda a uma série de perguntas que realmente ajudam a explorar os "como", "por quê" e "para quê" do resultado desejado. Ao seguir este processo, você começa a entender os verdadeiros motivos de querer alcançar os seus objetivos e pode pesar os prós e contras do sucesso e do fracasso.

Quando seu resultado desejado atender aos critérios abaixo, ele satisfará à condição de "bem formulado". Para cada objetivo ou resultado que você queira atingir, faça a si mesmo as seguintes perguntas:

1. **O objetivo está fundamentado em algo positivo?**
2. **O objetivo é iniciado, mantido e controlado por mim?**
3. **O objetivo descreve o método das evidências? (Em outras palavras, quando você saberá que atingiu o seu objetivo?)**
4. **O contexto do objetivo está claramente definido?**
5. **O objetivo identifica os recursos necessários?**
6. **Avaliei se o objetivo é ecológico?**
7. **O objetivo identifica o primeiro passo que preciso dar?**

O objetivo está fundamentado em algo positivo?

Criar objetivos com palavras positivas é uma base crucial para o seu processo de fixação. Ter objetivos negativos tal como "Não quero faze mais este trabalho de almoxarifado" pode afetar de forma adversa a chance de sucesso de seu cliente, porque ele acaba focando no que não quer. Em vez disso, mantenha a linguagem estruturada em termos positivos ou reestruture os objetivos negativos em positivos. É muito libertador quando o cliente expressa pela primeira vez: "Quero um trabalho que tenha a ver com meu interesse em automobilismo".

As perguntas que você pode fazer ao cliente são:

- O que você quer?
- O que prefere ter?

LEMBRE-SE

Além de ser positivo, um objetivo também precisa ser específico. Objetivos vagos tais como "Quero ser feliz" ou "Quero uma carreira de sucesso" são difíceis de ser definidos. As pessoas com este tipo de objetivo muitas vezes perdem o foco. Objetivos mais definidos como: "Quero estabelecer um grupo de amigos locais para os quais eu possa telefonar e convidar para ir ao cinema comigo" ou "Quero trabalhar em uma organização que me pague 50.000 reais por ano e me dê treinamento profissional", são mais específicos e ajudam mais.

O objetivo é iniciado, mantido e controlado por mim?

Da mesma forma, se o objetivo é "Eu quero que os diretores me promovam na próxima primavera", seu cliente precisa aceitar que os diretores talvez tenham propósitos diferentes e que este objetivo não está de maneira alguma sob seu controle, o cliente precisa fixar objetivos que o coloquem na melhor situação possível para que seja promovido, sabendo que o resultado final desejado está na mão de outros.

As duas perguntas seguintes levam o cliente a retomar as rédeas da situação:

- Estou fazendo isso para mim ou para outra pessoa?
- O resultado depende somente de mim?

O objetivo descreve o método das evidências?

O *método da evidência* é outra forma de perguntar: "Quando você sabe que atingiu seu objetivo?". A maioria das viagens tem um destino determinado, mesmo que o caminho entre os pontos A e B seja desconhecido.

As perguntas de especificidade sensorial a seguir convidam os clientes a ponderar sobre objetivos muito vagos ou com resultados não muito claros.

- Como você sabe que está atingindo o objetivo desejado?
- O que você estará fazendo quando o conseguir?
- O que você verá, ouvirá e sentirá quando o alcançar?

Na última pergunta, você está convidando os clientes a entrar na experiência fazendo-os imaginar os aspectos visuais, auditivos e cinestésicos do objetivo atingido. Com esta experiência sensorial gravada na memória, a mente inconsciente começa a trabalhar na direção do objetivo.

O contexto do objetivo está claramente definido?

Definir o contexto em que se pretende atingir um objetivo possibilita uma maior especificidade. O contexto se refere à escolha do momento, lugares e pessoas. Pergunte a seu cliente "Onde, quando e com quem você quer atingir seu objetivo?". Esta pergunta ajuda a estabelecer com mais precisão o que você quer ao eliminar o que você não quer.

Ao definir *quando* você quer alguma coisa, é possível identificar os passos que precisa tomar para consegui-la. Por exemplo, o objetivo: "Quero me mudar quando eu puder pagar por uma casa nova e deslumbrante na capital", pode fazer com que você perceba que precisa aumentar sua renda antes que possa considerar mudar de residência. Portanto, o objetivo que mais se impõe é aprimorar seu currículo e contatar algumas agências para encontrar um trabalho mais bem remunerado antes de olhar qualquer casa nova em potencial.

O objetivo identifica os recursos necessários?

As quatro perguntas a seguir ajudam os clientes a identificarem quais recursos irão possibilitar que atinjam os resultados almejados. As perguntas ajudam os clientes a se inspirarem em experiências anteriores quando utilizaram recursos que podem ser úteis desta vez.

Recursos abrangem uma grande variedade de itens, incluindo:

- Tempo, dinheiro, energia.
- Habilidades.
- Fontes de informações.
- Pessoas que apoiam.
- Equipamentos, tais como computadores ou maquinário.
- Mentalidade positiva e boa saúde.

As respostas às quatro perguntas seguintes são de Nick, um jovem que quer abrir um salão de cabeleireiro.

- **Que recursos você tem agora?**

  Nick: Sou muito forte frente a adversidades. Venho da classe trabalhadora, de tal modo que não ganhei nada de bandeja. Sei como conseguir o que quero, posso trabalhar quantas horas for preciso. Estou preparado para ganhar um salário mínimo nos primeiros três anos e completar meu sustento com minhas economias. Tenho o apoio de minha mãe e de meu pai, que se aposentaram cedo e desejam me ajudar a começar.

- **Que recursos você precisa adquirir?**

  Nick: Com certeza preciso de um pouco de ajuda na parte de contabilidade e impostos. Nunca tive que administrar uma folha de pagamento de empregados antes, trabalhar com contadores ou separar documentos de impostos. Também vou precisar de um faz-tudo de confiança e um bombeiro hidráulico que possa chamar se tiver problemas com o imóvel ou as pias.

- **Há evidências de que você já foi capaz de atingir este tipo de objetivo antes?**

  Nick: Bem, trabalhei em salões de outras pessoas por dez anos, então, pude ver o que eles fizeram e como tudo funciona. Também já cuidei de grandes projetos, como comprar e reformar meu apartamento; ele era realmente antiquado quando eu o encontrei e agora ele é estiloso e elegante – o mesmo tipo de visual e ambiente que eu quero para o salão.

- **O que aconteceria se você já tivesse os recursos?**

  Nick: Então eu simplesmente "iria nessa". Sei que cometerei alguns erros, mas espero que não sejam grandes. Eu aprenderei conforme as coisas se desenrolarem.

LEMBRE-SE

A pergunta final sobre recursos – agir como se já estivessem disponíveis agora – ajuda o cliente a reconhecer e mudar qualquer crença que possa estar o impedindo de agir. Ele também pode experimentar o resultado, para ver se é o que deseja. Pode mudar sua ideia neste ponto, o que o resguarda de investir em um objetivo que não parece bem ajustado.

Se um cliente tem dificuldade em encontrar recursos, você pode tentar outros ângulos. Aqui vão algumas sugestões:

- Ajude-o a detectar outro momento de vida em que ele foi hábil e tirar lições deste momento.
- Peça que identifique alguém habilidoso e que observe as características desta pessoa.
- Identifique os recursos que definitivamente ele não tem, já que isso pode levar a fixar outros objetivos para obtê-los. Por exemplo, se a pessoa não tem a experiência necessária para seu projeto precisa obter alguma experiência de trabalho ou fazer um curso de treinamento.

Avaliei se o objetivo é ecológico?

ALERTA DE JARGÃO DA PNL

Quando os coaches de PNL falam sobre *verificações ecológicas*, eles simplesmente estão fazendo perguntas para ter certeza de que o resultado combina com todos os aspectos da vida de um cliente. Se um deles monta um novo negócio, qual será o efeito na sua saúde ou na família? O que um cliente tem a perder ou ganhar se inscrevendo para uma pós-graduação?

Verificações ecológicas chamam a atenção para qualquer propósito escondido ou *ganho secundário* que o cliente possa não ter considerado quando estabeleceu as metas. Um *ganho secundário* ou *subproduto positivo* se refere a um comportamento que parece ser negativo ou causador de problema quando, na verdade, ele cumpre uma função positiva em algum nível.

Equilibrando Sonhos e Realidade: A Estratégia da Disney

Ao estudar o grande Walt Disney, o preparador e fomentador de PNL Robert Dilts criou um modelo de sucesso criativo conhecido na PNL como a estratégia Disney, que se baseia na extraordinária capacidade da Disney de transformar sonhos em projetos reais. Esta estratégia realça o aspecto de estabelecimento de metas para dar vida aos objetivos e garantir sua viabilidade. Ela é especialmente útil em projetos grandes e desafiadores, com indivíduos e equipes.

Conhecendo os diferentes papéis

Imagineering (combinação de criatividade e habilidade) é um termo cunhado por Walt Disney para descrever a forma como ele idealizava os sonhos e os transformava em realidade. Esta maneira única de trabalhar criou o eterno encanto provocado por personagens como Mickey e Minnie, o legado do cinema e o império de parques temáticos apreciado por milhões de pessoas de todo o mundo hoje em dia.

O *imagineering* bem-sucedido reúne três estratégias essenciais: os papéis do Sonhador, do Realista e do Crítico, todos necessários para a inovação, a resolução de problemas e o alcance dos objetivos. De fato, os colaboradores de Disney diziam que três diferentes Walts vinham trabalhar, e eles nunca tinham certeza de quem viria para uma reunião. Seria o Sonhador, o Realista ou o Crítico em campo hoje? Sem dúvida, esta incerteza mantinha a todos alertas!

Como coach, você guia seus clientes em cada uma das três formas de pensar, demonstrando, inclusive, qual a linguagem corporal que se adapta a cada papel.

- **O Sonhador.** Neste papel, você está olhando para o futuro e pensando no todo. Quer ver cada pedaço da história ou projeto. Para pensar como um Sonhador, tente sentar em uma postura simétrica e relaxada, com seus olhos voltados para cima. A pergunta sendo explorada aqui é o que você *quer*. A Tabela 7-1 oferece perguntas relacionadas ao que você quer fazer.

- **O Realista.** O próximo papel transforma a ideia em um plano executável, dividindo em partes executáveis. Para pensar como um Realista sente simetricamente com a cabeça e os olhos voltados diretamente à frente e levemente para adiante. Nesta etapa, você foca nas perguntas relacionadas a *como* o plano irá funcionar. A Tabela 7-1 oferece perguntas relativas a como fazer o plano funcionar.
- **O Crítico.** O trabalho do crítico é verificar as falhas no plano, procurar aquilo que foi negligenciado, fazendo indagações do tipo: "O que aconteceria se...". Para pensar como um Crítico, volte sua cabeça e olhos para baixo, levemente inclinados e toque o queixo com uma das mãos. O crítico avalia as *chances* de isso realmente acontecer. A Tabela 7-1 oferece perguntas relacionadas à chance de fazer o plano funcionar.

Normalmente, você começa com o Sonhador, muda para o Realista e, então, para o Crítico. Às vezes um cliente chega com um plano no qual ele já está trabalhando, sendo assim ele já está familiarizado com o papel de Realista, ainda que os papéis de Sonhador e Crítico estejam faltando. Nesta situação, um trabalho conjunto pode ajudar a desenvolver um plano, tornando-o mais robusto e inspirador.

Tabela 7-1 Trabalhando Através dos Papéis Estratégicos de Disney

Meu objetivo é:	*Respostas:*
Sonhador é o "Querer"	
O que você quer?	
Qual é o propósito? Por que você quer isso?	
O que você verá, ouvirá e sentirá quando alcançar isto?	
Quais são os benefícios?	
Quando você espera que isso aconteça?	
Aonde você quer chegar com este objetivo?	
Quem você quer ser ou se parecer como resultado de seu objetivo?	

Tabela 7-1 Trabalhando Através dos Papéis Estratégicos de Disney

Meu objetivo é:	*Respostas:*
Realista é o "Como fazer"	
Quando este objetivo será completado?	
Quem são as principais pessoas envolvidas?	
Quais são as etapas do planejamento? O primeiro passo? O segundo passo? O terceiro passo?	
Quais são as evidências que você está no caminho certo?	
Como você saberá que atingiu seu objetivo?	
Crítico é a "Portunidade para"	
Quem será afetado?	
Quem pode ajudar ou impedir esta ideia?	
O que os faria se opor?	
Quais as necessidades deles?	
Quais são as compensações por manter as coisas como estão?	
Como você pode manter estes benefícios quando implementar a nova ideia?	
Onde e quando você não iria querer isso?	

Coaching através de papéis

Você pode usar a estratégia e os papéis Disney de muitas maneiras para tornar os objetivos mais concretos e passíveis de serem alcançados. Você pode citar um papel em uma conversa rápida para fazer com que um cliente pense diferente ou pode orientar os clientes através de um processo guiado que dure várias horas. Uso a estratégia Disney com equipes para estabelecer uma visão para a organização e a utilizo com indivíduos no âmbito dos objetivos.

DICA

Acho que a experimentação dos papéis Disney funciona melhor quando você coloca três cadeiras ou delimita partes de uma sala onde o cliente possa explorar cada papel, um de cada vez. Como mostra a Figura 7-1, o uso de cadeiras funciona muito bem quando você está trabalhando em um espaço público, porque pode se sentar à mesa com quatro cadeiras com facilidade – uma para você e três para seus clientes usarem, uma de cada vez.

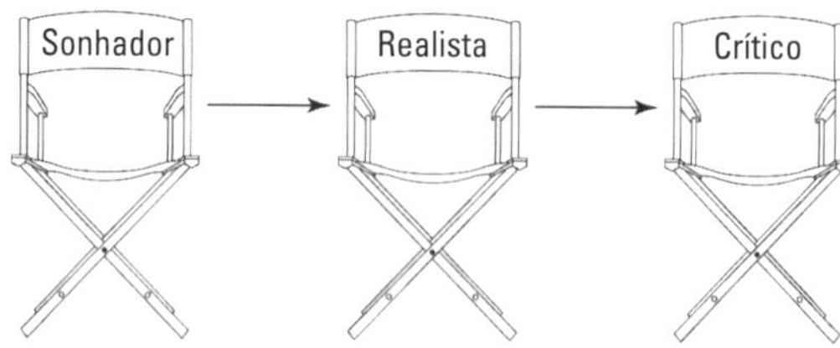

Figura 7-1: Um arranjo de cadeiras para assumir os três papéis Disney estratégicos.

EXPERIMENTE!

O exercício seguinte estimula os clientes a experimentarem as diferentes perspectivas dos três papéis Disney.

1. **Chame o cliente para uma sessão para trabalhar em alguma coisa realmente importante.**

   Você pode trabalhar na visão pessoal de vida do cliente, num projeto de mudança de vida ou noutro objetivo significante. Naturalmente pode usar este processo para si também.

2. **Coloque três cadeiras em um posicionamento triangular.**

   Sente-se ao lado do cliente em uma quarta cadeira, orientando-o durante o processo. A Figura 7-1 sugere uma possível disposição para as cadeiras. Seja lá qual for a organização do espaço, mantenha-se fora do espaço criativo do cliente!

3. **Para cada etapa do ciclo criativo, oriente o cliente a se sentar em uma cadeira específica e mudar a linguagem corporal para cada papel.** Comece com o Sonhador e, então, mude para o Realista e, finalmente, para o Crítico.

   Descrevo a linguagem corporal para os três papéis Disney no tópico anterior "Conhecendo os diferentes papéis".

4. **Faça perguntas relacionadas a um determinado papel e anote as respostas dos clientes.**

   Utilize as perguntas e formulários da Tabela 7-1 como modelo.

5. **Peça ao cliente que mude para a próxima posição e assuma o próximo papel.**

   Faça as perguntas apropriadas e registre as respostas relevantes.

6. **Depois que o cliente assumir todos os três papéis, rapidamente repasse cada um deles e pergunte o que está faltando.**

   Por exemplo, eu estava trabalhando com um empresário em um novo empreendimento imobiliário. Através da estratégia Disney, ele percebeu que estava perdendo por não trabalhar com outros investidores que tinham diferentes formações técnicas. Ao envolver outros parceiros comerciais, ele poderia construir um esquema mais sustentável e inovador do que havia pensado originalmente.

7. **Quando estiver seguro de que seu cliente desempenhou todos os papéis, revise as respostas coletadas junto com o cliente para que possam estabelecer um objetivo significativo, com um plano de ação realístico.**

Gerando Novos Comportamentos

Mudanças exigem que as pessoas *façam* as coisas de uma forma diferente – coisas que podem achar difíceis quando buscam seus objetivos. O *Gerador de Novos Comportamentos* permite que seus clientes ensaiem mentalmente novos comportamentos utilizando todos os seus sentidos. Neste exercício, eles descrevem internamente o comportamento, visualizando-o e verificando suas reações até que sintam que acertaram.

ALERTA DE JARGÃO DA PNL

No exercício do *Gerador de Novos Comportamentos*, o coach se senta ou fica de pé ao lado do cliente e o orienta para mudar o modo de se sentar e a direção do olhar. Os padrões de movimento dos olhos se conectam com as ideias de *pistas de acesso visual*. Os criadores originais de PNL, Richard Bandler e John Grinder, observaram que as pessoas naturalmente movimentam seus olhos de acordo com o que estão pensando em termos de imagens, sons e sentimentos.

Neste exercício, como muitos em PNL, você pode trabalhar sem conteúdo, o que significa que os clientes não precisam lhe dizer especificamente o que querem fazer de forma diferente, nem mesmo realmente falar. Trabalhar sem conteúdo possibilita aos clientes permanecerem envolvidos com suas próprias experiências, sem qualquer distração involuntária da parte do coach.

Ouvindo a trilha sonora

A primeira posição do Gerador de Novos Comportamentos é a auditiva. Peça ao cliente para se sentar e olhar para a mão esquerda para possibilitar que ele se conecte com seus diálogos internos. Depois que o cliente assumir essa postura, faça as perguntas fornecidas no exemplo adiante.

Neste exemplo, Tim vem adiando escrever e publicar alguns artigos para promover seu negócio de quiropraxia. Seu coach foca seus esforços para que Tim se concentre nos sons que ouvirá quando estiver executando o novo comportamento (escrevendo e publicando os artigos). O coach visa conseguir que Tim identifique os sons internos, como por exemplo o que ele está dizendo para mesmo, e os sons do cotidiano ao seu redor.

Coach: Olhe para baixo e para a sua esquerda. Observe o que você ouve ao se perguntar: "O que você quer fazer?"

Tim: Quero me concentrar *em escrever um artigo que será publicado nas revistas especializadas.*

Coach: E qual o som desta experiência?

Tim: Ouço várias conversas ao telefone com editores, meus dedos digitando no teclado, um telefonema para uma amiga minha que é artista e vive dizendo que vai criar algumas ilustrações para mim. Também ouço a mim mesmo dizendo "Oh, não, eu tenho um prazo final para isto!". E provavelmente muitos rascunhos sendo rasgados.

Assistindo ao filme

A segunda posição no Gerador de Novos Comportamentos é a visual. Peça ao cliente para mudar seu olhar para cima e para o lado direito e imaginar qual a aparência do objetivo atingido.

No exemplo de conversa a seguir, o coach pretende que Tim se concentre no visual do novo comportamento, quando estiver efetivamente escrevendo o seu artigo ao vivo e em cores – como se ele estivesse estrelando o filme de sua vida!

> **Coach:** Escute os sons e olhe para cima e para a sua direita. O que vê *quando você está se concentrando em escrever um artigo que será publicado?*
>
> **Tim:** Vejo a mim mesmo no dia em que trabalho em casa, programando o cronômetro no meu relógio e realmente me concentrando, fazendo uma pausa para fazer um lanche e, então, voltando ao trabalho. Posso me ver sentado no meu escritório em frente à tela do computador e enviando o artigo para outro colega que diz que dará uma olhada. Estou com uma aparência bem desarrumada, usando meu velho *jeans* e um pulôver quente porque o meu escritório às vezes fica frio.

Sentindo, tocando e sentindo o aroma do resultado

A terceira posição do Gerador de Novos Comportamentos é o cinestésico, que se refere ao toque e aos sentimentos, assim como ao cheiro e ao gosto. Peça a seu cliente para se sentar confortavelmente, olhando para baixo e para a direita para entrar em contato com seus sentimentos.

> **Coach:** Mantendo aqueles sons e imagens na sua mente, olhe para baixo e para a sua direita. Como você se sente, *quando está se concentrando em escrever um artigo que será publicado?*
>
> **Tim:** A sensação é muito boa, embora faça um pouco de frio no meu escritório. Por esta razão, quero aumentar um pouco o aquecimento. Tenho a sensação de que isso realmente vai acontecer. Posso sentir o cheiro da revista quando ela for publicada, posso me ver retirando o seu plástico quando ela

chegar na minha caixa de correio. Eu me sinto entusiasmado por ver meu nome finalmente impresso e satisfeito porque isto irá promover de forma positiva o nome da minha clínica, também.

Agora que você passou por um ciclo do exercício, peça ao cliente para repeti-lo mais rapidamente mais duas vezes, anotando qualquer informação a mais que ele observe no percurso. O cliente agora tem o seu próprio senso do novo comportamento que deseja. Peça para que ele resuma o que surgiu de diferente e que se comprometa com qualquer atitude que venha a ter como resultado do exercício.

Parte III

Ampliando a Consciência

A 5ª Onda Por Rich Tennant

"Não sei se nós temos ou não diferenças irreconciliáveis. Nós nunca conversamos."

Nesta parte...

Agora você está pronto para ir além e aprofundar seu coaching, focando nos valores que possibilitem que seus clientes atendam às suas verdadeiras prioridades. Ao conseguir que eles entrem em contato com sua paixão e propósito através do entendimento do seu estilo de comportamento, você os capacita para serem mais eficazes.

Esta parte vai lhe ajudar a reprojetar estratégias inúteis e adotar aquelas que funcionaram para quem obteve êxito. Você irá descobrir as chaves para criar novos hábitos que contribuem para os sucessos de longo prazo.

Capítulo 8

Em Sintonia com os Valores

Neste Capítulo

- Identificando o que lhe motiva a agir
- Superando os *deveres* e as *obrigações*
- Tomando decisões em que você realmente acredita
- Indo além usando seus valores como guia

Algumas das maiores perguntas que você pode se fazer estão centradas em valores. O que você representa? O que é mais importante para você? O que o deixa acordado à noite? O que lhe permite dormir em paz? O que você realmente quer?

Valores trazem energia e direcionamento, que são a essência da motivação individual. Quando as pessoas entendem profundamente seus valores, podem criar uma maneira de atuar no mundo que as leve a um propósito e a um significado. Quando vivem de acordo com seus valores mais profundos, as pessoas se sentem realizadas por serem fiéis à sua identidade, sendo quem realmente são. Por outro lado, quando as pessoas estão em descompasso com seus valores, por qualquer razão, o sentimento é de inquietação.

LEMBRE-SE

Valores podem mudar ao longo do tempo, dependendo de suas experiências. As pessoas, muitas vezes, vêm para o coaching em momentos de transição, de um trabalho para outro, por exemplo, e também de um conjunto de valores para outro, revisto.

Sabendo o que É Importante

A identificação de seus valores essenciais é o catalisador para que você deixe de fazer o que pensa que *deve* para agir com base naquilo que realmente *quer fazer*. Valores essenciais são os principais motivadores por trás de suas decisões e ações.

Identificando o "ter de fazer" e o "deveria fazer"

A maioria das pessoas vive mais em suas cabeças do que no mundo lá fora, dos acontecimentos. A mente humana é cheia de truques, pensamentos, gremlins e vozes ecoando por toda parte.

A forma como você interpreta e dá significado a um acontecimento pode resultar em prazer ou dor. Por exemplo, quando uma pessoa querida não telefona, você pode escolher como reagir. Fica feliz porque ela pode estar ocupada e se divertindo – ou triste porque ela provavelmente esqueceu de você? Você acha que uma pessoa deveria ou teria a obrigação de se comportar de uma determinada maneira?

Em coaching, você provavelmente ouvirá os clientes dizerem: "Meu chefe diz que eu *deveria fazer X*" ou "Meu namorado acha que eu *devo fazer* Y". O Metamodelo de PNL chama estes tipos de padrões de generalização de *operadores modais de necessidade*. A vida dos clientes parece ser ditada mais por outras forças do que pelo próprio livre-arbítrio.

Ao mesmo tempo em que o chefe ou um ente querido podem estar com as melhores das intenções, os clientes se sentem desacreditados quando agem sempre na posição de fazer o que pensam que deveriam ou têm a obrigação de fazer ao invés do que realmente querem. Da mesma forma, desacreditam os outros, impondo suas interpretações sobre aquilo que deve ou têm que ser feito, ao invés de dar às outras pessoas a liberdade para decidirem por si mesmas.

Distinguindo os valores de meio dos valores de fim

Ao trabalhar com clientes na identificação de valores, procure distinguir entre *valores de meio*, as coisas que são importantes, mas que são meios para um fim, e *valores de fins*, que são as coisas absolutamente essenciais e fundamentais que precisam ser estabelecidos.

A lista a seguir ilustra a diferença entre valores de meio e de fim:

- Dinheiro, casa e trabalho são todos exemplos de valores de meio.
- Dinheiro pode criar valores de fim, como segurança, liberdade, paz e diversão.
- Casa pode suprir valores de fim, como proteção, espaço e alegria.
- Trabalho pode trazer valores de fim, como propósito, energia e liberdade.

Em geral, experimentamos os valores de fim como sentimentos: amor, paz, liberdade, autoestima, confiança, poder, honestidade, conhecimento e alegria. Todos são conceitos abstratos, mas que sabe intuitivamente quando os têm e quando não os têm.

Focando nos valores essenciais

EXPERIMENTE! Experimente

O exercício seguinte lhe orienta no processo de elaboração de sua lista inicial de valores. Ele pode ser revelador tanto para coaches quanto para clientes.

1. **Em um pedaço de papel em branco, escreva uma lista de seus valores.**

   Suas respostas às perguntas a seguir podem ajudar a revelá-los:

   - O que é importante para você?
   - Do que você precisa em sua vida?
   - O que é tão crucial para sua identidade que quase esquece de mencionar?

   A Tabela 8-1 oferece uma seleção de palavras para iniciar uma discussão sobre valores, mas sinta-se à vontade para encontrar outras que tenham mais significado para você. Peça a seus clientes para acrescentarem palavras-chave a esta lista.

2. **Depois que você tiver uma lista de cerca de 12 a 15 valores, observe como eles se agrupam e se justapõem; refine a lista de valores para não mais que nove itens.**

   Algumas palavras podem ter um significado bastante parecido de modo que podem ser contadas como um só valor, tal como integridade/honestidade ou propósito/sentido.

3. **Pegue uma palavra por vez e pergunte: "O que este valor me oferece?"**

   Continue fazendo a pergunta até que esteja convencido de que chegou a um *valor de fim* – aquele ponto ao qual você (ou seu cliente) sabe que alcançou uma necessidade fundamental.

CASOS E CAUSOS

Um cliente, Tony, respondeu inicialmente que sua moto era muito importante para ele. Quando seu coach perguntou: "O que a moto oferece a você?", ele respondeu: "Acesso à estrada". Quando seu coach foi um pouco mais fundo, perguntando: "E quando você está na estrada, o que isso dá a você?", Tony respondeu: "É tudo *liberdade*". Liberdade é o valor de fim de Tony, e sua estimada moto lhe dá isso.

4. **Tome esta lista de valores completamente revista como o importante bloco de construção para futuros planejamentos, fixação de objetivos e atividades de tomada de decisão.**

Algumas pessoas gostam de manter a lista pendurada na parede, outros em suas agendas ou telefones celulares. Encontre algum lugar de fácil acesso para guardá-la, assim pode consultá-la com frequência.

Tabela 8-1 Palavras de Valores

Realização	Aventura	Afeição
Autenticidade	Equilíbrio	Mudança
Proximidade	Comunidade	Conexão
Contribuição	Criatividade	Disciplina
Energia	Família	Liberdade
Amizade	Diversão	Crescimento
Harmonia	Assistência	Honestidade
Independência	Inovação	Integridade
Aprendizado	Amor	Lealdade
Ordem	Paz	Prazer
Poder	Propósito	Reconhecimento
Relacionamento	Respeito	Segurança

Tabela 8-1 Palavras de Valores

Assistência	Espiritualidade	Sucesso
Trabalho em Equipe	Confiança	Riqueza
Sabedoria		

Estabelecendo Prioridades

Depois de identificar seus valores essenciais (veja o tópico anterior "Focando nos valores essenciais"), você tem um plano para orientar o processo de fixação de prioridades e iniciar o trabalho.

Deixando o tempo apurar seus valores

Duas pessoas podem ter o mesmo conjunto de valores, mas se comportar de maneiras muito diferentes. Por esta razão, você precisa entender como os valores se traduzem nos seus comportamentos na vida cotidiana e onde estão suas prioridades.

José contou sobre um desentendimento com sua família quando seu filho e nora estavam passando por problemas financeiros. A nora acusou José de não amar seu filho porque ele não pagava suas dívidas. José argumentou que era exatamente *porque* ele amava seu filho que não iria tirá-lo do problema financeiro. José acreditava que estava demonstrando amor responsável, ao mostrar a seu filho que ele precisava assumir responsabilidade por seus gastos. Tanto José quanto a nora estavam agindo a partir de posicionamentos de amor, mas se comportando de maneiras diferentes.

Determinando os indícios de um valor

Você e seu colega podem dizer que aprender é importante para vocês. Mas quando perguntados, um pode dizer que aprender diz respeito a obter uma qualificação formal, enquanto o outro diz que aprender tem a ver com pôr o conhecimento em prática. Então, quem está certo? Na verdade, ambos estão! A interpretação de um valor não tem resposta certa ou errada.

Faça o exercício seguinte para identificar *como* você sabe que está honrando um valor ao seu modo. Pegue cada valor que identificou no tópico anterior "Focando nos valores essenciais" e pergunte ao cliente as seguintes questões:

- O que especificamente este valor significa para você?
- Como você saberá que o alcançou?
- O que verá, ouvirá e sentirá?
- Como irá se comportar?

Depois que seus clientes sabem como vivenciam determinados valores de forma pessoal, vocês também podem explorar como as principais pessoas com as quais se relacionam podem ter os mesmos valores, mas expressá-los de formas diferentes.

Construindo uma hierarquia

Há uma tensão natural entre alguns valores. Além disso, a hierarquia de valores de uma pessoa muda de acordo com as circunstâncias. O poeta David Whyte tem uma maneira prática de pensar sobre estas tensões e mudanças. Whyte sugere que os três relacionamentos principais com os quais você se compromete são: com você mesmo, com um outro ente querido e com o trabalho (ou atividade focado a um objetivo). Manter todos os três relacionamentos é como ter três casamentos ao mesmo tempo (daí o título do seu livro, *The Three Marriages* [Os Três Casamentos]). Cada relacionamento é precioso, e você não quer se ver forçado a ter de escolher qual é o mais importante. E, para ficar perfeito, você quer relacionamentos fortes em cada uma das três esferas.

Peça a seu cliente para colocar cada valor em ordem de importância, criando uma hierarquia. Ele deve escrever cada um deles em um cartão ou post-it e, depois, movê-los sobre uma superfície plana. Criar listas lineares se mostra um desafio com clientes que têm uma orientação mais voltada para opções! Use um formulário como o da Tabela 8-2 para elencar sua hierarquia de valores.

Tabela 8-2 Hierarquia de Valores

Ordem de Prioridade	*Valor*
1	
2	
3	
4	
5	
6	
7	
8	
9	

Avaliando decisões fundamentadas em valores

Valores precisam ser postos em prática todos os dias, assim, pequenas ou grandes decisões precisam estar em sintonia com os valores, caso contrário, acabam gerando inquietação. Depois que os clientes criarem sua lista de valores, peça que avaliem o modo como estão vivenciando estes valores identificados na Tabela 8-2. Pegue um de cada vez e peça para que atribuam uma pontuação de 0 (mais baixo) a 10 (mais alto) para determinar o quão bem eles estão indo. Quando estiverem enfrentando uma grande decisão como troca de trabalho, mudança de casa ou um investimento de tempo ou dinheiro, peça que analisem suas listas de valores para verificar como estas decisões se encaixam – ou não – na lista.

Reagindo a violação de valores

Não satisfazer seus padrões de valores pode causar enormes conflitos emocionais, tanto internamente quanto com outras pessoas. Por exemplo, nem todo mundo que você encontra interpreta a honestidade da mesma maneira. Peça a sua cliente que lhe conte sobre seus momentos de maior perturbação, ou profundo desespero e pode ter certeza de que naquelas situações seus valores foram violados. Peça a ela para contar resumidamente sobre uma situação ruim e o que aprendeu acerca do que é mais importante para ela. Desta forma, você consegue uma maior clareza sobre seus valores mais importantes e como eles podem ser violados, a não ser que seu cliente tome uma atitude para mudar.

Mantendo os Valores Vivos Todos os Dias

O trabalho para identificação de valores não é uma atividade isolada. Sentir-se feliz significa ter que se manter alerta a todos os fatores que são importantes para você e observar o que está mudando.

Quando alguma coisa simplesmente não parecer certa, retome sua lista de valores essenciais e verifique se alguma coisa saiu do alinhamento ou se um valor escondido está vindo à tona.

Avaliando se suas atitudes correspondem ao que diz

A maior parte dos programas de coaching inclui trabalhar valores na fase inicial. Como coach, seu papel é o de preservar os valores dos clientes, da mesma forma que preserva os objetivos e a programação geral dele.

Quando um cliente estiver lutando contra um problema, simplesmente pergunte: "O que aconteceria se você trouxesse mais X para a situação?" – o X pode ser qualquer valor que o cliente tenha expressado, como alegria, simplicidade ou energia. Outra pergunta para explorar é: "De que forma o que você está dizendo aqui se encaixa com os seus valores?".

Como um exercício de autoconsciência, crie estruturas para lembrar seus clientes de prestarem atenção a seus valores dia a dia e semana a semana. Uma forma pode ser pedir que, toda noite, eles revejam como puseram em prática seus valores ao longo do dia para decidirem o que gostariam que acontecesse no dia seguinte. Ao desenvolver estes hábitos reflexivos, seus clientes passam a levar os novos entendimentos para além das sessões de coaching e permitem que eles passem a fazer parte de suas vidas cotidianas.

Sonhando mais alto

A maior parte deste capítulo examina os valores como princípios de orientação geral para auxiliar na direção. O que dizer de situações em que as coisas já estão funcionando bem? Você também pode usar valores para explorar sonhos maiores e mudar daquilo que meu próprio coach chama de "presente perfeito" para "um futuro perfeito".

A PNL oferece o modo de pensar hipotético para encorajar sonhos maiores. Entre em um futuro imaginário como se já estivesse lá. Explore seu trabalho, vida, relacionamento ou ambiente dos sonhos.

O exercício a seguir incentiva os clientes a sonharem como se qualquer coisa fosse possível. Experimente isso em você mesmo também.

1. **Entre no futuro.**

   Escolha um período de tempo específico – daqui a seis meses, cinco anos ou seja lá o que for mais apropriado. Coloque uma marca no chão e fisicamente entre neste espaço.

2. **Escolha um contexto para a sua visão do futuro.**

   Seu contexto pode ser toda a sua vida, ou um aspecto específico, tal como seu trabalho ou suas atividades de lazer.

3. **Renove a confiança de seu cliente de que ele sempre pode honrar seus valores e peça que ele explore criativamente o que pode fazer o futuro ainda mais perfeito do que hoje.**

   Reserve bastante tempo e espaço para suas explorações. Gentilmente reúna respostas para as seguintes perguntas:

   - O que você gostaria de ter mais?
   - O que você gostaria de ter menos?
   - Pelo que você gostaria de ser mais conhecido?
   - Em um mundo ideal, como é a sua semana típica?
   - O que é mais gratificante para você acerca das escolhas que fez?
   - A que você atribui seu sucesso de atingir exatamente o que você quer?
   - O que é absolutamente essencial que você conserve?

- Em seus sonhos mais loucos, o que você realmente gostaria que acontecesse?

4. **O passo final é tomar uma atitude baseada no que o cliente descobriu.**

   Solicite que ele reflita sobre o seguinte:

   - Agora que você teve tempo para explorar, qual é o primeiro passo de hoje que irá causar impacto no futuro?
   - O que você fará que lhe levará a seu sonho?

Capítulo 9

Explorando a Paixão e o Sentido

Neste Capítulo

- Motivando-se com estados de fluxo
- Prestando atenção às fontes da paixão
- Descobrindo o propósito pessoal
- Unindo a paixão e o propósito

Você já conheceu pessoas que parecem mortos-vivos? Elas parecem carecer de paixão e conexão com o mundo. E vivem a cada dia sem um destino em mente, simplesmente andando por aí com o passo pesado, como se a vida fosse um grande esforço.

Na PNL, estes indivíduos são considerados *dissociados* da riqueza da vida. Eles funcionam mais no *efeito* do que na *causa*, o que quer dizer que respondem passivamente aos acontecimentos ao invés de agir proativamente na busca da vida que pretendem ter. O intuito em coaching é capacitar o cliente a se empenhar nesta busca. Quando agem no efeito, as pessoas esperam que os outros lhe deem oportunidades ou resolvam seus problemas. Quando na causa, elas saem em busca das oportunidades e soluções para seus problemas.

Despertando

Qualquer processo de crescimento ou transformação é normalmente acompanhado de um despertar, como a primavera, quando a natureza volta à vida depois da letargia do inverno. O promotor de PNL Robert Dilts fala, em *Coaching com C maiúsculo*, que os coaches de PNL funcionam como *despertadores*, trazendo às pessoas a vida para sua essência e abrindo-os para conexões que vão além de suas próprias identidades.

Desperte os clientes daquele estado desconectado de zumbi mudando o foco de um senso individual de identidade pessoal voltado para o aqui e agora para um panorama maior de sua vida: peça que ele se pergunte com o que realmente se importa, como quer se conectar com os outros, o que será mais importante para ele quando passar a viver de uma maneira que o faça feliz?

Como coach, você precisa estar totalmente desperto a fim de despertar os outros. Você não pode esperar fazer a pessoa se sentir motivada com paixão e propósito a menos que tenha definido o seu próprio senso de direção. Como coach, você precisa trabalhar no seu próprio desenvolvimento e não apenas ancorar outras pessoas.

Entrando em Sintonia com os Estados de Fluxo

As sessões de coaching mais produtivas acontecem quando o cliente e o coach conseguem acessar o *estado de fluxo* do cliente, onde ele identifica como pode operar em seu melhor. Até que você atinja este estado de fluxo, seu tempo com o cliente é puramente focado em tarefas e lógica, não há o diálogo criativo entre o coach e o cliente, que é essencial para a verdadeira transformação começar.

Em um estado de fluxo, as pessoas se conectam com o que elas realmente se importam – suas paixões e, finalmente, seus propósitos. Estar em um estado de fluxo é como se seu corpo trabalhasse em piloto automático, inconscientemente sabendo exatamente onde está indo e não tendo que pensar ou se preocupar com coisa alguma; você apenas decola e toca sua vida no momento. Pense em Tom Hanks no filme *Forrest Gump*, quando ele começa a correr e continua correndo por todo o país com encanto e despreocupação. Da mesma forma que corredores de longa distância chegam a um estado de fluxo, a experiência do fluxo traz um sentido de facilidade de movimento percorrendo seu corpo e mente. Você se sente comprometido, tranquilo, ágil e flexível.

DICA

Muitas vezes é possível identificar o estado de fluxo de um cliente por sua ausência. Quando um cliente não está em um estado de fluxo, alguma coisa está interferindo. Esta interferência pode estar ligada às habilidades; quando algumas pessoas encaram desafios para os quais não se sentem preparadas para lidar, experimentam ansiedade, e o estado de fluxo não acontece. Em contraste, quando os níveis de habilidades das pessoas excedem o desafio, ela podem se sentir entendiadas ou desconectados. Pense no estado de fluxo como o espaço onde seus clientes florescem.

Além dos assuntos relacionados às habilidades, seus clientes podem perder o estado de fluxo se estiverem:

- Constantemente fatigados ou passando por momentos de níveis baixos de energia.
- Excessivamente aflitos com as situações cotidianas.
- Sem foco em suas atividades – pulando de diferentes atividades sem se ater a coisa alguma.

Em contraste, quando os clientes experimentam o estado de fluxo, eles estão:

- Completamente absorvidos em suas atividades e extremamente concentrados.
- Prontos para levar adiante o trabalho a que estão se dedicando porque estão se divertindo muito.
- Alertas, satisfeitos e espontâneos.

Encontrando seu estado de fluxo

Para ver a paixão em ação, sintonize-se com seu próprio estado de fluxo e com o dos outros ao seu redor. Observe que as pessoas em estados de fluxo não estão sentadas tomando sol passivamente; elas estão ativamente comprometidas com aquilo que gera a qualidade de suas vidas cotidianas. Ao mesmo tempo em que trabalham arduamente, elas também são capazes de:

- Agradecer os simples prazeres da vida.
- Desistir da necessidade de se esforçar a cada tarefa para impressionar os outros ou atingir resultados perfeitos.
- Encontrar espaço para pensar e relaxar sobre assuntos não relacionados a trabalho.
- Desfrutar o que está acontecendo naquele momento.

CASOS E CAUSOS

Quando Jorge me contratou como coach de carreira, ele estava trabalhando como diretor de marketing para uma empresa de hotelaria. Seu trabalho envolvia cobrir muitos eventos esportivos de fim de semana e viajar pelo país, mas seu coração não estava mais no trabalho. Sua esposa recentemente dera à luz gêmeos prematuros, o que apressou seu desejo de encontrar uma nova função que o permitisse ficar as noites e os finais de semana com sua família. Enquanto a programação de coaching de Jorge se concentrava nos aspectos práticos de como atrair o tipo de trabalho que ele queria (como melhorar seu currículo e falar com as pessoas certas), o trabalho de fundo do coaching era mantê-lo em estado de fluxo de forma que pudesse fazer as melhores escolhas profissionais. Examinamos as partes de seu atual trabalho que não exigiam esforço de sua parte. Ao se concentrar nestas atividades durante o dia de trabalho, Jorge foi capaz de conservar melhor sua energia para a família. Essencialmente, ele reconfigurou a função já existente na organização para que se encaixasse em seus talentos e obteve a experiência necessária para torná-lo mais atraente para seu próximo empregador. Partes do trabalho que Jorge não gostava tanto ainda permaneceram, mas ele se concentrou naquelas onde ele queria melhorar suas habilidades e delegou as tarefas mais mundanas.

A seguir estão quatro maneiras de acessar o estado de fluxo através da sintonia com sua verdadeira essência.

Sinta-se agradecido

Quando você presta atenção nas coisas pelas quais é grato na vida, é inevitável que filtre as coisas ruins a maior parte do tempo. Este princípio é a base das abordagens de coaching focadas em soluções, ou *práticas de indagações apreciativas*, que identificam aquilo que está bom e constroem sobre isso. Prestar atenção deliberadamente ao que você tem de bom na vida é também uma base para muitas práticas meditativas em geral.

Um exercício útil para encorajar a gratidão e a sua consciência às coisas pelas quais deve ser grato, é escrever um diário de gratidão ao final do dia. Faça uma nota rápida dizendo a que você se sente agradecido e revise-a periodicamente, especialmente quando estiver se sentindo para baixo. Outro bom hábito é fazer anotações sobre o que você aprecia em outras pessoas e compartilhar isso com elas.

Desistir de se esforçar demais

Minha colega Elizabeth Kuhnke, autora de *Body Language For Dummies [Linguagem Corporal Para Leigos]* (Wiley), prepara altos executivos em seus impactos pessoais e apresentações em reuniões. Para estimular melhores desempenhos, ela recomenda que banissem a palavra *esforçar* de seus vocabulários. Mas se esforçar bastante é uma boa coisa, certo? Na verdade, não.

Quando você se esforça muito para fazer alguma coisa, seu rosto normalmente se contrai e tensões se acumulam em seus ombros. Manter este esforço em seu corpo impede sua mente inconsciente de desemprenhar seu trabalho de apenas permitir que você aja da melhor maneira possível, porque sua mente consciente está tentando lidar com as pressões de "ter que se esforçar demais".

LEMBRE-SE

Como coach, quando você se esforça muito para fazer uma excelente sessão, pode perder o foco em manter-se concentrado naquele momento do seu cliente, diminuindo, assim, a qualidade da experiência para ele.

Encontrando um espaço para si

A sessão de coaching em si é um espaço fantástico para um cliente pensar de modo relaxado e sem julgamentos – uma hora ou duas de pura paz e prazer. Com certeza, encontrar com um coach pode ser o único momento que os clientes têm para refletir sobre o que querem para si no meio das outras pressões de suas vidas. Afastar-se das atividades de pressão e encontrar um tempo tranquilo para pensar é essencial para ser mais eficaz em qualquer função, seja como mãe ou diretor executivo.

Desfrutando a experiência presente

Você já deve ter ouvido o dito popular "O passado é história. O futuro é um mistério. O presente é uma dádiva – e é por isso que se chama presente". Estar presente em suas experiências no aqui e agora é um presente para você mesmo e uma ótima maneira de despertar para a vida.

Por mais estranha que possa parecer, sempre é possível extrair algo de bom de qualquer experiência, ainda que seja apenas a expectativa por um ponto final. Tente encontrar o lado bom em alguma experiência que você realmente não esteja adorando (talvez, na próxima vez que estiver na cadeira do dentista). Decida que quer desfrutar do momento, mesmo que seja somente a chance de se reclinar na cadeira, tirar uma soneca e escutando o rádio ao fundo.

Acessando o estado de fluxo

Use o exercício seguinte para acessar seu próprio estado de fluxo ou ajudar seus clientes a acessarem os deles. O cliente pode levar este exercício para trabalhar em casa, embora você possa usar algumas das perguntas como parte de uma sessão de coaching. Faça cópias das perguntas, pense nelas por uma ou duas semanas e depois as retome, fazendo anotações do que lhe vier à cabeça.

Não há resposta certa ou errada. Você pode considerar estas perguntas como uma extensão da inquirição de coaching por determinado período.

1. **O que você realmente agradece por ter em sua vida?** Alguns exemplos podem incluir crianças saudáveis, colegas atenciosos, um cargo de confiança, nenhuma dívida de grandes proporções, a oportunidade de viajar para diferentes partes do país ou do

mundo, uma cama confortável e quentinha. Liste seus exemplos abaixo:

....

....

....

....

....

2. **Quando e onde você cobra muito de si mesmo?** Por exemplo, você estabelece padrões muito altos de ordem, limpeza, objetivos a serem atingidos ou atenção aos detalhes no trabalho? Liste seus exemplos abaixo.

   ....

   ....

   ....

   ....

   Analise os exemplos listados acima e faça anotações sobre em que você pode deixar de ser tão rigoroso.

3. **O que lhe permite sentir um maior senso de amplitude em sua vida?** Por exemplo, você tem algum espaço para chamar de seu – um local onde pode se sentar em casa ou trabalhar com tranquilidade? Você costuma caminhar por um parque, uma floresta ou ao longo de um rio? Liste seus exemplos abaixo:

   ....

   ....

   ....

   ....

4. **O que lhe impede de estar presente?** Por exemplo, você está se preocupando com o que aconteceu ontem ou o que vai acontecer amanhã? Está checando e-mails enquanto poderia estar conversando com sua família? Compare isto com os momentos em que você está realmente presente.

   ....

   ....

   ....

   ....

   ....

5. **Quando ou onde você realmente experimenta vivenciar o momento?** Por exemplo, você é capaz de parar e observar as folhas das árvores, o cheiro de pão fresco recém-saído do forno, o rosto do motorista do ônibus, a sensação do chão enquanto corre? Liste seus exemplos abaixo:

   ....

   ....

   ....

   ....

Ao se perguntar regularmente este tipo de questão, você pode começar a mudar para um estado de fluxo mais sintonizado com o momento presente. Quando estiver ansioso ou oprimido, retome suas respostas e determine o que precisa fazer para voltar a ser mais grato pelo que está vivenciando e apreciar o momento em vez de se esforçar demais.

Mantendo o fluxo em tempos desafiadores

Quando os clientes estão passando por momentos de desafios, eles perdem seu estado de fluxo. Eles podem não querer ou mesmo ser capazes de falar o que exatamente o que está acontecendo, mas um coach com uma boa perspicácia sensorial pode captar pistas na fisiologia do cliente. Esteja alerta para tensões no pescoço e ombros, mudança de cor no rosto e pescoço e dedos contraídos.

LEMBRE-SE

A PNL reconhece que a mente e o corpo estão conectados (a *conexão mente-corpo*). De fato, o corpo é uma das melhores fontes de informação sobre o que está acontecendo com um cliente. Por exemplo, um problema físico de saúde pode ser o sintoma de algum assunto subjacente do qual o cliente ainda não foi capaz de falar.

Como coach, você pode ensinar seus clientes a prestarem mais atenção a própria fisiologia, de forma que reconheçam os sinais sutis de que tudo está – ou não – bem. Este processo estimula a mente inconsciente do cliente a ajudá-lo.

LEMBRE-SE

Se um cliente parece constantemente para baixo e incapaz de mudar deste estado com o coaching, ele pode estar sofrendo de uma doença física ou de depressão e, se for o caso, sugira que ele procure um médico ou terapeuta e suspenda o coaching até que se sinta mais forte. Nunca pressione um cliente a ignorar sintomas físicos, eles são valiosas informações oferecidas pelo corpo.

Encontrando Sentido em Seu Trabalho

Talvez você já tenha ouvido a história dos três pedreiros.

Um homem chega a um canteiro de obras e pergunta aos pedreiros o que eles estão fazendo. O primeiro pedreiro mal olha para cima e responde: "Eu estou quebrando a pedra com meu cinzel. Eu faço isto o dia todo, e isto já faz anos".

O segundo pedreiro pede ao homem que segure as figuras de pedra que ele esculpiu e responde: "Eu estou fazendo as gárgulas que irão ficar em cima da porta principal".

O terceiro pedreiro se levantou, sorriu e gesticulou expansivamente antes de responder: "Eu estou construindo uma catedral para a glória de Deus e para as pessoas apreciarem por gerações futuras. Ela vai ser realmente magnífica".

Qual dos três encontrou sentido em seu trabalho?

Em qualquer trabalho, uma forte motivação aparece quando você tem um sentimento de estar fazendo algo que valha a pena, alguma coisa que acrescente valor para os outros e faça bom uso de seu tempo e talentos. O terceiro pedreiro se conectou com um senso de significado.

Procurando valor enquanto investiga continuamente

O trabalho no qual alguém se empenha hoje pode não ser sentido como gratificante amanhã ou pode não satisfazer a um desejo individual de crescer e se desenvolver. Como coach, seu papel envolve possibilitar que os clientes obtenham clareza sobre seus desejos; quanto mais você os conecta para encontrar o valor no que fazem, mais felizes eles vão saltar da cama em uma segunda-feira de manhã, gritando "Oba, é segunda-feira!".

LEMBRE-SE

Qualquer trabalho pode conter tarefas tediosas e repetitivas, mas como os pedreiros que citei no começo deste tópico, uma questão a se considerar acerca de qualquer trabalho é: "Como o trabalho que eu faço faz diferença para outras pessoas, ou se conecta com o que mais importa para mim?".

À medida que você trabalha com seus clientes, concentre-se nas ligações entre as pessoas dentro de um sistema para visualizar onde estão os benefícios. Ao adequar seus hábitos diários, seu cliente pode concentrar os esforços onde geram maior impacto, escolhendo fazer mais de uma coisa e menos de outra.

Dando sentido aos tempos difíceis

Qualquer trabalho tem seus altos e baixos. Há momentos em que você não sente vontade de levantar da cama para encarar tarefas difíceis. Alguns dias, derrotas maiores o abatem – e você tem que aceitar a morte de um colega, aceitar a perda de um cliente importante, enfrentar uma pane completa do computador, lidar com a perda de inventários em uma enchente ou incêndio, ter que fazer cortes de funcionários ou dizer adeus ao seu trabalho ou negócio dos sonhos.

Em tais circunstâncias, manter-se conectado à paixão que originalmente lhe trouxe para seu trabalho se torna crucial.

Identificando o Propósito da Sua Vida

Como coach, você tem a obrigação para com seus clientes de fazer com que eles se questionem sobre as grandes perguntas da vida, incluindo "Por que estou aqui?" e "Qual é o meu legado?", assim como as mais imediatas e práticas, como "Em que eu devo trabalhar hoje?" ou "Vale a pena ir a esta exposição?".

Os questionamentos maiores, como "O que você é?" ou "O que você está se tornando?" levam seus clientes a questionarem suas identidades e a explorarem sobre que identidade está mais relacionada ao propósito de vida deles. Você está pedindo aos seus clientes que entendam como a identidade se relaciona com os sistemas maiores e as comunidades em que vivem. Está pedindo para se tornarem mais fortes e mais poderosos – da mesma forma que um carvalho que se expande com raízes mais profundas ao mesmo tempo em que cresce em direção ao céu. Estas perguntas elevam seus clientes até o mais alto nível da famosa hierarquia de necessidades humanas do psicólogo Abraham Maslow – o nível de autorrealização, onde é possível compreender qual o seu verdadeiro potencial na vida.

Observando o que o revigora quando o caminho se torna difícil

Os acontecimentos da vida têm um modo misterioso de fazer você reavaliar sua direção e fazer com que se conecte a um sentido de propósito mais sólido. Ter um forte senso de propósito pode ajudá-lo nos momentos mais difíceis da vida, pois possibilita que você vença a ansiedade ou o desconforto da situação atual e assuma uma visão de longo prazo.

Mariana, uma médica cujo marido morreu inesperadamente de uma infecção viral, contou-me sobre a falta de direção que estava vivenciando: "Perdi a minha razão de ser. Toda a minha vida estava ancorada em ser sua esposa. Agora sou uma viúva e não sei mais como agir". Observe na linguagem de Mariana que ela tem um nova *identidade*, não desejada, como viúva, no lugar de seu papel familiar como esposa. Como esposa, ela sabia como o marido, a família e os colegas esperavam que ela agisse, o que era importante para ela; e como seu trabalho se encaixava ao resto de sua vida. Como viúva, ela de repente se encontrou em um novo território, inexperiente e insegura consigo mesma, e querendo restabelecer seu sentido de estar no caminho certo. Claramente, Mariana precisava de tempo e espaço para chorar a perda de seu amado marido, mas como uma mulher brilhante e determinada, ela também queria estabelecer uma rota clara para si mesma em vez de se afundar em seu luto. Analisamos a identidade que ela queria e como isso poderia ser construído ao longo do tempo, sem colocá-la sob desnecessária pressão para encontrar sua nova identidade rapidamente.

Encontrando e usando sua paixão: O modelo DRTE

Você pode acessar sua paixão – ou ajudar aos clientes a acessarem as deles – observando os altos e baixos das experiências. No meu modelo DRTE (explorado de forma mais completa em meu livro *Live Life, Love Work [Viva a Vida, Ame o Trabalho]*, publicado pela Wiley), você explora a paixão dos extremos do que agrada a você e o que o deixa maluco, deixando que estados emocionais fortes de deleite (D), raiva (R), tristeza (T) e êxtase (E) venham à tona. Utilizo esta ferramenta para preparar pessoas para retomarem o contato com questões emocionais que realmente acendem suas paixões. Pessoalmente, o cliente pode falar com você sobre experiências do passado, mas ele também pode usar o modelo DRTE para reflexões pessoais de preparação para uma sessão de coaching.

1. **Divida um pedaço de papel em quatro quadrantes com uma caneta ou lápis.** Intitule as quatro áreas como: Deleitado, Extasiado, Triste e Zangado.
2. **Considere cada quadrante na página.** Pergunte-se as seguintes questões e faça anotações de situações específicas e experiências em que suas emoções estavam tão exaltadas que você ainda consegue lembrar delas.
   - **Deleitado.** Quando esteve em estado de deleite, vivenciando um sentimento suave de alegria e se sentindo abençoado com a vida? Pense nos momentos em que você observou benevolência e gratidão que lhe surpreenderam.
   - **Zangado.** Quando esteve zangado ou desgostoso? Considere momentos em que você estava pronto para lutar por seus direitos ou por uma causa valiosa a seu coração.
   - **Triste.** Quando esteve triste, desapontado e se sentindo para baixo? O que leva você à melancolia e à sensação de querer desistir e se esconder debaixo do edredom, longe do mundo?
   - **Êxtase.** Quando esteve em êxtase, experimentando o auge da exuberância e bem-estar? O que realmente traz você à vida e faz você pular de entusiasmo e cantar em cima do telhado?

3. **Revise tudo o que escreveu em sua página.** Que experiências e episódios você considera os melhores de todos os tempos? E os piores? Que momentos se sobressaem como realmente motivadores de suas paixões?
4. **Procure por temas em suas experiências.** Por exemplo, observe o que faz quando defende aquilo com o que se importa e que faz a diferença para os outros. O que acontece quando você fica emocionado? Que impacto isto tem no seu comportamento e daqueles a sua volta?
5. **Pense no seu senso de identidade nos momentos mais apaixonados e satisfatórios.** Se fosse se identificar com um personagem ou animal, o que seria? Você é naturalmente um caçador ou tigre, um construtor de ninhos ou um esquilo? Deixe que este personagem oriente suas respostas às atividades do tópico seguinte, que foca na definição do propósito.

DICA

Depois que você entende o que motiva sua paixão, pode direcionar aquela força motriz interior para objetivos práticos e bem formados.

Definindo o propósito com suas próprias palavras

Organizações de sucesso definem seus propósitos de negócios, sua base lógica para existirem, como parte do seu planejamento. Elas, muitas vezes, criam e compartilham grandes afirmações sobre sua visão, tais como:

- "Ser a melhor experiência em serviço rápido de lanchonete do mundo... de modo que fazemos cada cliente, em cada lanchonete, sorrir" – *McDonald´s*
- "Criar felicidade proporcionando a melhor qualidade em entretenimento para pessoas de todas as idades, em todas as partes do mundo" – *Disney*

DICA

Uma ótima pergunta para começar a explorar o propósito pessoal é: "Quais são as palavras que você utiliza para descrever seu propósito na vida?" É claro, esta pergunta pode ser a mais difícil de se responder, então, permita aos clientes que reflitam sobre ela por um período de algumas semanas –

até meses, se necessário. Volte à pergunta de vez em quando. Acrescente palavras à definição, tire algumas ou substitua algumas palavras por outras mais específicas.

O exercício a seguir também pode ajudar você ou seus clientes no processo de exploração e definição do propósito pessoal.

1. **Escreva uma afirmação de propósito de vida.** Resuma seus pensamentos em uma frase simples que comece focando em sua *identidade*, como por exemplo:

   - *Eu sou alguém que...*
   - *Eu sou alguém que cura...*
   - *Eu sou uma luz...*
   - *Eu sou uma mãe...*
   - *Eu sou uma enfermeira...*

   Observe que sua identidade pode ser metafórica (como em uma luz ou em alguém que cura) ou real (mãe, enfermeira ou outro papel).

   Para começar, você pode achar mais fácil trabalhar com um papel ou identidade específico. Mais tarde, pode mudar para a abordagem metafórica mais abstrata, que pode abarcar quem você é em mais de uma área da vida. Se você tem uma série de papéis (o que é muito provável), comece com um ou dois que sejam muito importantes em sua vida. Depois, pode condensá-los em uma só declaração.

2. **Acrescente um verbo e um objeto a sua frase que descrevam um pouco mais o que você faz.** Por exemplo:

   - *Eu sou um polidor que molda joias humanas...*
   - *Eu sou um mago da computação que projeta tecnologia...*
   - *Eu sou um especialista em descarte de lixo que protege o meio ambiente...*
   - *Eu curo animais e os ajudo a se recuperarem de doenças e ferimentos...*

3. **Acrescente algumas palavras para conectar sua identidade e ações com pessoas, lugares ou situações.** Escolha palavras

que se estendam além de você mesmo e do tempo presente. Aqui estão exemplos de *afirmações de conexão*.

- *Eu sou um orientador que cria harmonia e compreensão nas escolas.*
- *Eu sou um divulgador que projeta serviços de telefone que possibilitam que pessoas não técnicas comuniquem-se com qualquer um que quiserem.*
- *Eu sou um construtor de casas que cria um ambiente acolhedor no qual a família e seus convidados podem recarregar suas baterias.*

Quando você estiver satisfeito com sua afirmação, coloque-a em um lugar onde possa vê-la todos os dias – em cima de sua mesa, no espelho de seu banheiro, na sua agenda pessoal ou na porta da geladeira. Experimente acrescentá-la em seu cartão de visitas ou na assinatura de seu e-mail.

Construindo uma Visão Compartilhada

A paixão de uma pessoa gera força vital em um projeto ou em uma carreira. Multiplique esta paixão para a família, equipe, grupo, organização ou nação, e ela pode se tornar extraordinariamente contagiante e um poderoso agente para a mudança. Grandes organizações, qualquer que seja seu tamanho, combinam e aproveitam talentos individuais de modo a reconhecer a contribuição individual como parte de sucessos maiores.

Você pode orientar os clientes a construírem suas afirmativas de visões e missão, estratégias e planos que:

- Afirmem crenças e valores essenciais.
- Reconheçam as contribuições da organização aos funcionários, clientes, público e outros acionistas.
- Compartilhe a visão estratégica que a organização está direcionada.
- Apresente um plano de ação sobre como implementar esta visão, utilizando os talentos e recursos da organização.

DICA

Afirmações de visões não se limitam ao mundo dos negócios. Como seria ter uma afirmação de visão de família ou uma para a escola ou clube que inclua um sentido de paixão, valores e propósito? Reflita sobre as afirmações de visão a seguir:

- **Para uma família:** Cuidar verdadeiramente um dos outros, escutar e sentir um profundo amor e afeto em tudo o que pensamos, fazemos e dizemos, seja se estivermos fisicamente juntos ou separados.
- **Para uma escola:** Venha para a escola para compartilhar conhecimentos com uma paixão que possa ser vista e sentida em todas as nossas atividades a cada dia e que, finalmente, faça alguma diferença no mundo.
- **Para um clube:** Criar um ambiente em que todos tenham uma função valiosa a desempenhar e que se sintam melhor a cada vez que cada membro nos visita, ganhando nova energia para favorecer a inspiração de outros.

Tais afirmações de visões fornecem uma base de compromisso compartilhado a todos os membros do grupo, uma mensagem implícita do que vocês defendem e do que os une.

Reconhecendo seus pontos fortes

EXPERIMENTE!

A atividade a seguir estimula os indivíduos a reconhecerem seus pontos fortes – e para que os outros no grupo os reconheça também. Esta atividade é muito útil para equipes, comissões, pequenos negócios e departamentos em que as pessoas têm pouco conhecimento uns dos outros e querem estreitar os vínculos. Tente o exercício a seguir para conseguir que o grupo compartilhe, escute e apoie uns aos outros.

1. **Divida o grupo em trios, cada um com uma Pessoa A, Pessoa B e Pessoa C.**
2. **Chame a Pessoa A para responder à pergunta "De que maneiras sou incrível?"**
3. **A Pessoa A reconhece seus talentos e habilidades para as Pessoas B e C.**

Dê à Pessoa A bastante tempo para falar sobre suas capacidades e compartilhar exemplos específicos e histórias.

4. **As Pessoas B e C escutam a Pessoa A e a encorajam a não ser modesta.**

   As pessoas B e C podem inclusive exaltar as virtudes da Pessoa A de maneira confiante, caso ela seja naturalmente reservada.

5. **As Pessoas B e C fazem sugestões sobre como os talentos da Pessoa A podem ser usados com bons resultados no grupo atual e na área de foco.**

6. **Os membros do trio trocam de posições, até que cada um tenha tido sua vez reconhecendo seus pontos fortes para o grupo.**

7. **Após cada um dos membros reconhecerem seus talentos, o trio anota suas ideias por escrito.**

   Ao final, cada membro da equipe deve ter pelo menos três áreas de excelência e um esboço de como usar tais áreas na prática para fazer a equipe avançar.

8. **Por último, traga cada trio para junto do resto do grupo para visualizarem os talentos gerais, reconhecendo e analisando como eles podem ser colocados em bom uso de uma maneira prática no trabalho adiante.**

Parte IV

Lidando com Dramas, Decisões e Dilemas

A 5ª Onda Por Rich Tennant

"A razão pela qual acho que o estresse pode estar afetando sua vida é fundada nos resultados das pesquisas, nas estatísticas e pelo fato de você ter endireitado uma caixa inteira de clipes de papel durante a nossa conversa."

Nesta parte...

Você explora os assuntos da vida real que chegam ao espaço do coaching, incluindo relacionamentos complicados e dilemas difíceis na vida e no trabalho. Descobre que é possível ajudar seus clientes a adaptarem suas abordagens e a terem conversas corajosas quando estão sintonizados com as pessoas à sua volta com maior consciência. Conhece maneiras de preparar equipes de pessoas para estabelecerem laços e agir dando o melhor de si.

Com as constantes mudanças no mundo do trabalho, você descobrirá maneiras práticas para a construção de carreiras sólidas – que mantêm as pessoas inspiradas, capazes de se reinventar e de se sentirem apaixonadas com suas vidas profissionais.

Capítulo 10

Coaching Durante Momentos de Conflito

Neste Capítulo

- Resolvendo divergências evitando a violência
- Livrando-se da culpa
- Aumentando a coesão da equipe
- Dando e recebendo feedback de forma eficaz

Conflito – o estado de oposição de ideias e interesses – é um fato cotidiano da vida que pode surgir de diferentes maneiras. Do lado positivo, a energia da troca e discussão de ideias diferentes permite o surgimento de soluções criativas; a colaboração entre dois estilos diferentes gera resultados maravilhosos. Do lado negativo, os conflitos levam a confrontações dramáticas, violência física e até mesmo guerras devastadoras.

Os clientes trazem histórias de conflitos de todos os aspectos de suas vidas para suas sessões de coaching: lutas de poder, problemas de dinheiro, desafios de relacionamento, diferenças intelectuais, mal-entendidos interculturais e batalhas com fornecedores ou clientes. O coaching proporciona um espaço seguro para explorar soluções criativas que podem emergir durante o conflito. As batalhas que você ajuda seus clientes a resolver podem ser:

- **Internas:** envolvendo pensamentos, decisões e dilemas que passam nas mentes dos clientes.
- **Externas:** envolvendo a tensão entre as necessidades, os interesses e as preocupações dos clientes e as de outros com quem o cliente interage.

Reconhecendo Comportamentos Sob Pressão

O primeiro passo para preparar clientes nestes momentos é ajudá-los a se tornarem conscientes de seus próprios padrões e reações típicas em situações de conflito. Em seguida, explore formas de lidar com as diferenças para que ele saia do momento com mais criatividade e inventividade para o futuro.

Estimule a curiosidade de seus clientes em investigar suas reações naturais sob pressão, quando as emoções estão à flor da pele. Qual é a abordagem inata deles a situações de conflito com outra pessoas? Como eles lidam com qualquer frustração oculta no conflito e às inevitáveis mudanças de poder e controle? Eles naturalmente querem fugir e se esconder ou querem lutar pelo que acreditam?

Seus clientes podem citar qualquer uma ou todas as seguintes mudanças fisiológicas em situações de conflito, independentemente se o comportamento deles é *de luta* ou *de fuga*

- Os batimentos cardíacos aumentam.
- A respiração fica mais rápida.
- Transpiração.
- Aumento da sensibilidade visual e auditiva.
- Frio na barriga.
- Hiperventilação que leva a tonturas e formigamento nos dedos.
- Sensação de exaustão depois de uma ansiedade prolongada.

O coaching joga uma luz sobre os pontos cegos das pessoas, um processo que nem sempre é agradável. Não se surpreenda se os clientes que estão encarando situações de conflito abandonarem o coaching ou entrarem em confrontos com você. Os clientes podem escolher fugir ou lutar porque acham os problemas em discussão desafiadores demais para serem trabalhados. Apenas considere: ao dar espaço para que eles possam criticar você como coach, você está prestando um serviço a eles, permitindo que expressem a raiva e a ansiedade que não conseguiram pôr para fora em nenhum outro lugar!

Esperando pelos melhores resultados

Nos relacionamentos com os outros, o cenário ideal é uma situação de benefícios mútuos, onde ambas as partes conseguem o que querem. Contudo, em um conflito, uma parte sempre perde, e o mais provável é que ambas as partes se tornem perdedoras. Em um conflito, você se vê preso a um quadro de culpa no qual você critica outra pessoa e espera que ela mude.

A fim de preparar seus clientes para os melhores resultados, verifique se suas perguntas os mantêm explorando seus problemas ou os levam a buscar resultados positivos. Os tópicos seguintes lidam com conjuntos específicos de perguntas que você pode fazer durante as sessões de coaching.

Perguntas para observar perspectivas de culpa

Quando as pessoas se envolvem no processo de culpar os outros, o tipo errado de perguntas faz com que permaneçam empacadas e se sentindo mal consigo mesmos.

No diálogo seguinte, observe como as perguntas de culpa do coach fazem com que o cliente continue preso em seus próprios pensamentos.

Coach: Qual é o seu problema?

Cliente: Os funcionários estão ameaçando abandonar seus postos por causa dos cortes.

Coach: Há quanto tempo vocês estão com isto?

Cliente: A coisa está iminente já há alguns meses, mas as pessoas estão ignorando.

Coach: Onde está a falha?

Cliente: É o representante do sindicato que vem inflamando o ressentimento entre os funcionários por aqui.

Coach: Quem é o culpado?

Cliente: Bem, em parte o Estado, que nos obriga a agir assim por causa de cortes massivos de financiamento, e em parte o último governo por gastar demais.

Coach: Qual é a sua pior experiência com este problema?

Cliente: Eu tenho passado noites sem dormir preocupado sobre o que vai acontecer.

Coach: Por que você ainda não resolveu este problema?

Cliente: Eu não sei o que posso fazer. O que você acha que eu deveria fazer?

Focando nas perguntas de perspectivas de resultados

Quando as pessoas se concentram mais nos resultados do que nos problemas, o seu pensamento se torna construtivo. Se o coach passa a fazer perguntas que enfoquem nos resultados, um novo pensamento se abre e encoraja o cliente a começar a resolver o problema.

No diálogo a seguir, observe a mudança no pensamento do cliente para assumir a responsabilidade em seguir adiante.

Coach: O que você quer?

Cliente: Eu quero resolver esta disputa trabalhista amigavelmente.

Certifique-se de que seus clientes exprimam o que querem em termos positivos. Utilizar linguagem positiva conjuga o poder da mente inconsciente.

Coach: Como você saberá que conseguiu? Qual é a evidência?

Cliente: Eu nos verei tendo discussões sensatas ao invés de sermos chantageados. Nós teremos uma série de consultorias e comunicações, oferecendo ajuda prática àqueles que estamos despedindo e sentindo que fizemos o melhor possível com o orçamento.

Coach: O que mais irá melhorar quando você conseguir isto?

Cliente: Eu serei capaz de dormir novamente à noite. Eu terei mais energia e estarei mais bem-humorado no trabalho – e em casa.

Coach: Que recursos você já tem que podem ajudar a atingir este resultado?

Cliente: Eu tenho acesso a muitos especialistas na minha rede, e normalmente sou muito calmo e racional, alguém que é empático às outras pessoas.

Coach: Em que outra situação parecida você foi bem-sucedido?

Cliente: Uma vez trabalhei em um projeto de aquisição hostil, e planejei toda série de consultorias e comunicações, incluindo assistência na busca por novos empregos.

Coach: Qual é o próximo passo?

Cliente: Eu convidarei o representante do sindicato para tomar um café e ter um papo informal comigo para preparar algumas consultorias.

Lidando com as Diferenças

O conflito surge quando duas partes ficam entrincheiradas em suas próprias ideologias. Neste tópico, exploro abordagens práticas de PNL que oferecem formas de enfrentar o conflito com muita facilidade.

Conhecendo bem o inimigo

O famoso comandante militar britânico, Marechal Montgomery, conhecido com "Monty", tinha uma foto de seu oponente alemão, Rommel, a Raposa do Deserto, na parede do quartel-general de campanha no deserto durante a Segunda Guerra Mundial. Ao planejar a estratégia para a guerra, ele queria focar em seu inimigo para estudar a tática de batalha através do ponto de vista do oponente.

DICA

Ao negociar em situações de conflito, o conceito de PNL de *posições perceptuais* pode fornecer uma compreensão sobre pontos de vista opostos e ajudá-lo a se distanciar de suas emoções para assumir uma perspectiva independente. As três posições de PNL mais úteis são as seguintes:

- **A primeira posição** é sua perspectiva natural, onde você está completamente consciente do que pensa e sente, mas não dos pensamentos e sentimentos dos outros à sua volta.
- **A segunda posição** diz respeito a imaginar como é ser a outra pessoa (Monty estava adotando o *segundo posição* de PNL para com seu inimigo, Rommel).
- **A terceira posição** é uma posição independente em que você age como um observador imparcial observando o que está acontecendo no relacionamento entre duas outras pessoas.

Oriente sua cliente através do seguinte exercício para que ela lide melhor com pessoas com as quais está em conflito. Ela precisa identificar alguém com quem gostaria de se entender melhor, talvez até mesmo alguém com quem teve problemas no passado e queira compreender melhor a situação.

1. **Coloque três pedaços de papel no chão para representar as três posições perceptuais, a própria, a do oponente e a do observador independente.**
2. **Peça que a cliente assuma cada posição, uma de cada vez.**

Quando sua cliente se posicionar sobre um dos pedaços de papel, pergunte: "O que você está pensando e sentindo nesta posição?". Esteja certo de que a cliente saia de um estado antes de entrar no estado seguinte. Você pode distrair a cliente com uma pergunta cotidiana, tal como "Como está o tempo lá fora hoje?".

3. **Peça à cliente para entrar nas três posições, anote qualquer pensamento e ideias em um papel.** Cuidado para não interpretar as informações: apenas registre o que é dito.
4. **Peça à cliente para voltar à primeira posição e diga a ela o que você ouviu na segunda e terceira posições.** Dê uma opiniã sobre o que ouviu e peça para que ela dê um sentido a isso.
5. **Pergunte à cliente quais ideias ela tem agora sobre seu oponente.**

   Ajude-a a identificar alguns primeiros passos para melhorar o relacionamento com esta pessoa.

Negociando com porções adequadas

Transmitir à outra pessoa uma porção adequada de informações facilita a comunicação. Se você oferece um nível apropriado de informação, a outra pessoa pode processá-la facilmente. Dê um pedaço grande demais – isto é, uma imagem muito ampla ou informações generalizadas – e ela é deixada no escuro. Se dividi-la em detalhes muito específicos, ficará assoberbada.

A PNL toma emprestado o conceito de *chunking* do campo da computação. *Chunking* se refere a capturar a informação e quebrá-la em pedaços menores, os *bytes*. A PNL também fala em:

- ***Chunking up.*** Ir do detalhe para o conceito geral.
- ***Chunking across.*** Tomar uma ideia de um contexto para outro, normalmente usando metáforas e histórias em um nível similar de detalhes.
- ***Chunking down.*** Obter detalhes mais específicos.

Quando se está negociando através de posicionamentos opostos, dividir as ideias em pedaços pode ser muito útil. Chunking up possibilita que as pessoas concordem em certos princípios mesmo que eles se diferenciem sobre como devam ser implementados

Considere o exemplo a seguir de dois diretores de empresas de manufatura, Clóvis e Sara, que estão discutindo sobre estratégias de negócios. Clóvis argumenta que eles deveriam estar investindo na China, e Sara defende o investimento na Índia.

- **Quando eles fazem o chunk up,** ambos chegam a um denominador comum. Neste caso, ambos veem a necessidade de investimentos no exterior. Neste nível, eles também podem explorar outros princípios essenciais em que estejam de acordo.
- **Se fizerem o chunk across,** Clóvis e Sara poderiam convencer o outro sobre seu posicionamento, contando histórias de outras empresas de sucesso que investiram nos locais de interesse.

- **Se eles fizerem um *chunk down* para as especificidades,** e ouvirem os planos um do outro, eles poderiam explorar os respectivos benefícios e desvantagens das diferentes áreas de investimentos em vez de desqualificar totalmente o local.

Chunking up e down entre duas pessoas não é fácil sem um esforço determinado por ambas as partes. As pessoas tendem a se enredar nos seus próprios detalhes e a acharem difícil chegar a um denominador comum, que é o ponto em que um coach independente consegue facilitar a negociação.

Expressando o que Precisa Ser Dito

Uma das vantagens ocultas do conflito é que as cartas são postas na mesa e cada parte pode criar com base nas novas informações. As conversas podem finalmente expressar pensamentos e sentimentos escondidos sob a superfície por anos.

A janela Johari é uma ferramenta que mostra que todos têm pontos cegos. Conflitos podem criar caminhos em histórias de conspiração e informações escondidas. Mesmo assim, as mensagens precisam ser transmitidas com respeito e apreciação das diferenças para que as pessoas possam ouvi-las.

Desenvolvendo um vocabulário amistoso

Para superar o conflito, seus clientes precisam ser capazes de se comunicar sem lutar ou fugir do problema. Para isso, eles devem ser persistentes e manter a calma mesmo que os outros não o façam.

Praticar uma estrutura simples, como o modelo de quatro etapas a seguir, em uma sessão de coaching, dá aos clientes uma ferramenta fácil que pode ser reproduzida em outras situações de conflitos. Use esta atividade para ensaiar uma conversa difícil em que seu cliente precisa dar um feedback desafiador.

Os quatro passos seguintes são baseados no modelo de Marshall Rosenberg de comunicação amistosa.

1. **Quando eu vi/ouvi você...**

   Descreva o comportamento observado ou as atitudes que você notou.

   Por exemplo: "Quando eu ouvi você levantar a sua voz e me xingar".

2. **Eu senti/Minha reação foi...**

   Descreva seus sentimentos objetivamente, incluindo o impacto que o comportamento ou as palavras de outras pessoas tiveram em você.

   Por exemplo: "Eu fiquei ansioso" ou "Minha reação foi querer tapar meus ouvidos".

   DICA

   Não atribua culpa a outra pessoa. Evite linguagem do tipo :"Eu me senti diminuído/acusado/sufocado", o que implica uma ação negativa da parte de outra pessoa. Em vez disso, encoraje seus clientes a se apropriarem de seus próprios sentimentos.

   Por exemplo: "Eu fiquei preocupado" ou "Senti que precisava de mais tempo para explicar".

3. **Eu preciso...**

   Descreva sua necessidade oculta nesta situação. No caso de um conflito relacionado a trabalho, você talvez precise dos requisitos específicos do trabalho.

   Por exemplo: "Eu preciso prestar um bom atendimento ao consumidor".

4. **Eu posso perguntar a você...**

   Termine fazendo um pedido específico para a pessoa e/ou dê orientação sobre como a outra pessoa pode abordar a situação de maneira diferente para atender à necessidade.

   Por exemplo: "Se você tem uma reclamação, por favor, pode me dizer quais são, calmamente".

Refinando o feedback

A PNL diz que não existe o fracasso, somente feedback, e atribui um grande valor ao feedback para o aprendizado. Aqueles que sofrem com gerentes fracos no trabalho podem associar feedback a uma reprovação e evitam incentivá-lo. Mas o feedback é a informação que ressalta tanto pontos fortes quanto áreas que precisam ser melhoradas. Ele é crucial tanto em casa quanto em ambientes de trabalho, e é uma parte essencial do relacionamento coach-cliente. Como vai saber se está indo bem a menos que peça a outra pessoa para lhe dizer?

Para dar feedback com respeito:

- Dê feedback positivo e crítico – quanto mais positivo, melhor, já que as pessoas tendem a focar nas negatividades.
- Traga um espírito construtivo. Evite dar feedback quando você está com raiva ou cansado, por exemplo.
- Fixe-se nos fatos. Lide somente com o que observou e o que outros reconheceram.
- Fale sobre comportamentos claros, específicos e esteja preparado para dar exemplos específicos.
- Evite fazer pressuposições sobre as razões e os sentimentos das pessoas.
- Não culpe a outra pessoa. Você é responsável por suas reações às outras pessoas; reconheça suas reações e aceite sua responsabilidade.

A fim de receber feedback com elegância:

- Não discuta ou tente convencer a pessoa de que ela não viu o que disse que viu.
- Não tente explicar seu comportamento a quem dá a opinião, apenas receba o feedback. Discutir as opiniões *mais tarde* pode ser apropriado se você sentir que pode aprender mais sobre isso.
- Peça a quem ofereceu o feedback para lhe dar exemplos específicos de comportamentos claros, observáveis. Por exemplo, pergunte algo como "O que eu fiz que fez parecer que eu estivesse com raiva?".

- Se quem deu a opinião não consegue explicar o feedback em termos claros de comportamento, com exemplos específicos, agradeça a ele, mas faça seu próprio julgamento sobre a validade da opinião.
- Escute cuidadosamente o que os outros têm a dizer e agradeça a eles por suas informações. Seu trabalho é determinar o que significa o feedback para você e como você pretende utilizá-lo.
- Pare quando acha que já é o suficiente. Diga a quem está dando a opinião que você entende o que ele está dizendo ou que você quer algum tempo para pensar sobre isso.

Se o feedback vier como parte de uma reclamação ou processo disciplinar, você está certo em questionar e desafiar qualquer coisa que considere injusta e exercer seus direitos legais.

Construindo uma voz mais confiante

Quando as pessoas estão dispostas a permanecer em um espaço em que o conflito está acontecendo, elas criam a autoconfiança para expressar o que realmente importa para elas em vez de fugirem. Com uma abordagem construtiva que procura que ambas as partes vençam, os participantes podem aumentar a paixão e o propósito e liberar energia positiva.

Como muitos empresários que alçam voo sozinhos (empreendedores), vendendo pela internet para mercados globais, a empresa de Raquel tem sua base em um escritório em sua casa. Durante alguns meses, ela ficou cada vez mais frustrada com sua conexão lenta de internet, reclamando que, embora ela vivesse em uma grande cidade, ela podia conseguir um acesso de internet melhor em áreas remotas de países menos desenvolvidos.

Depois de reclamar por seis meses com seu provedor e não obter nenhum progresso, Raquel sentiu que seus valores essenciais – integridade, profissionalismo e liberdade – não estavam sendo mostrados nos seus relacionamentos de negócios. Em vez de enfiar a cabeça na areia ou ficar com raiva, ela decidiu tomar uma atitude. Ela se baseou nos seus recursos inatos para perguntar: "O que eu posso fazer?" e "O que eu posso aprender disso?".

Então, ela começou uma campanha positiva via internet para tomar atitudes com relação às conexões de banda larga. Ao tomar o primeiro passo de montar um blog e site dedicados ao assunto, o interesse na campanha gerou uma bola de neve, tomando força própria para a mudança. Ela se tornou a representante local, atrelando-se ao poder das mídias sociais, da imprensa, de deputados, da autoridade local, de lideranças empresariais e parceiros-chave na indústria.

Seis lições emergem da campanha de Raquel que podem ser aplicadas por qualquer um que procura transformar o conflito em ações positivas:

- **Administre seu estado emocional.** Manter a calma e a curiosidade possibilita que você trabalhe através das interações negativas confiantemente de modo a manter-se em um estado de fluxo.
- **Concentre-se em um resultado positivo.** Saber o que você quer e planejar e implementar a estratégia para chegar lá com persistência.
- **Desbloqueie recursos.** Faça o melhor com sua própria criatividade, senso de humor e contatos. Procure outras pessoas que funcionem como modelos de exemplo.
- **Desenvolva crenças fortes.** Lembre-se constantemente: "Eu posso fazer isto" ou "Eu estou fazendo isto para um bem maior".
- **Respeite valores.** Preste atenção e respeite tanto seus próprios valores quanto os das outras pessoas.
- **Trabalhe com paixão e propósito.** Estas forças podem orientá-lo a tomar uma atitude importante.

Desenvolvendo hábitos elogiosos

O que se perde durante o conflito é a apreciação fundamental das pessoas, a diversidade de visões e culturas que enriquecem a experiência dos seres humanos. Em particular, escutar em um nível profundo bloqueia a raiva e a frustração.

Como coach, você está em uma posição privilegiada para sentir empatia por seu cliente, ao mesmo tempo que assume uma visão mais imparcial de toda a situação. Exercícios ou atividades que gerem apreciação da pessoa, grupo ou organização com a qual seu cliente está em conflito podem atenuar a situação e fazê-lo ficar mais flexível.

Peça a seus clientes para refletirem sobre as pessoas com as quais possuem divergências. Faça perguntas como:

- Quais são cinco coisas boas que eles fizeram?
- Quais são suas melhores qualidades? Quais são seus pontos fortes ocultos?
- O que você está feliz por descobrir nesta situação que não teria descoberto se não fosse por esta oportunidade?

DICA

Deixe seus clientes trabalhando com as situações de conflito com inquirições de longo prazo para analisarem o problema fora das sessões de coaching. Faça perguntas que mudem seu modo de pensar, tais como:

- Como você pode ser o catalisador de empatia e compreensão aqui?
- O que você está disposto a deixar para lá? Em que poderia se tornar mais flexível?
- Como você e outros poderiam se beneficiar se você buscar similaridades com a outra parte?
- Quem você pode se tornar através deste conflito?

Finalmente, quando você proporciona espaço para seus clientes elevarem a qualidade do seu modo de pensar e escutarem para poderem refletir sobre outras perspectivas, você cria o potencial para transformar o conflito em cooperação. Além da situação problemática em particular, estas lições mudam a forma como seus clientes se comportarão em interações futuras.

Capítulo 11

Suavizando os Altos e Baixos da Carreira

Neste Capítulo

- Assumindo responsabilidade por sua carreira
- Planejando para o inesperado
- Adquirindo uma reputação profissional atrativa
- Conectando-se com os outros online e no mundo real

O trabalho sempre foi um fator definidor da identidade das pessoas: a primeira pergunta que surge ao conhecer uma pessoa, depois de cumprimentá-la, é inevitavelmente "O que você faz?". Enquanto a natureza exata do trabalho é diferente para cada geração, mudanças e incertezas sempre preocuparam qualquer um que tenha uma vida profissional. Atualmente, os níveis de imprevisibilidade no trabalho são os mais altos em décadas. Cortes e demissões tanto no setor público quanto no privado levaram a fusões e terceirizações no esforço de reduzir custos. Tais medidas têm enormes impactos sobre os empregos, serviços e naqueles que estão entrando no mercado de trabalho.

Como coach, você ajuda clientes cujas vidas profissionais provavelmente se estenderão por muito mais tempo do que muitos esperariam quando começaram suas carreiras. Além disso, a tecnologia e a globalização estão fazendo do mundo um lugar menor e, nesta era digital, todos estão continuamente disponíveis, em movimento e online. Provavelmente você está preparando clientes para suas carreiras em diversas cidades ao mesmo tempo. A mudança traz extraordinárias oportunidades em seu rastro.

Este contexto econômico e social afeta os desafios específicos que seus clientes trazem para o coaching, especialmente no que diz respeito a assuntos da carreira. Empregos para a vida inteira não existem para a maioria das pessoas, de forma que seus clientes provavelmente passarão por uma série de empregos e, por sua vez, pelos inevitáveis desafios das frequentes transições. Eles podem entrar e sair do trabalho autônomo e abrir e fechar empresas, além de trocar de cargo dentro da mesma empresa ou para diferentes organizações.

O contrato psicológico entre empregadores e empregados está assumindo uma nova forma com o passar do tempo. A única certeza é que as pessoas precisam assumir total responsabilidade e controle por suas vidas profissionais e carreiras porque ninguém mais vai se preocupar com isto. Ter um coach ao lado torna o processo inteiro muito mais fácil.

Jogando com os Pontos Fortes

Nem todo mundo quer fazer o mesmo trabalho. Um mundo só de carpinteiros e nenhum eletricista ou repleto de atores de cinema e ninguém para administrar os cinemas, seria uma loucura, com certeza. Sorte nossa que o sonho de trabalho de uma pessoa seja o pesadelo de outra. Mesmo assim, quantas vezes você não encontra pessoas que estão à deriva em suas vidas profissionais, suportando o que estão fazendo porque têm a sensação de não terem escolha e de que seus trabalhos atuais são aquilo que deveriam fazer? Para muitos, seus empregos são o que o mundo e as outras pessoas esperam deles. Eles estão satisfazendo o sonho de outra pessoa e não o seu próprio.

Quando você ouve a linguagem do *deveria*, *precisa* e *tem de*, está sintonizado com um padrão de linguagem que a PNL se refere como *operadores modais de necessidade*. As contraperguntas para este tipo de pensamento são: "Quem disse que você deveria/tem obrigação/tem de?" ou "O que aconteceria se você não fizesse tal coisa?".

Para muitos profissionais, o emprego dos sonhos sempre continua lá, em algum lugar distante, e eles só não conseguem encontrá-lo. O verdadeiro emprego dos sonhos se torna realidade quando as pessoas moldam e perseveram em suas próprias carreiras jogando com seus pontos fortes e ouvindo sua intuição. O coaching com PNL ajuda as pessoas a admitirem e definirem claramente este sonhos, para depois tomarem as atitudes que os façam avançar na direção destes objetivos.

Criando uma receita de carreira

Como acontece com a comida, os gostos profissionais são extremamente pessoais, e é por isso que bons cozinheiros gostam de adaptar receitas para os diferentes paladares. Grandes receitas começam com a dedicação de certo tempo para explorar uma combinação de ingredientes e sabores e fazer com que coisas surpreendentes aconteçam. Uma abordagem similar se aplica na construção de uma grande carreira.

O exercício criativo a seguir ajuda os clientes a explorarem os tipos de trabalho que os atraem. Você pode usá-lo para complementar testes psicométricos mais convencionais de descoberta de pontos fortes e de talentos. O cliente pode fazer isso sozinho ou com um coach anotando as respostas para ele em um caderno.

Reserve bastante tempo para este exercício. Acomode seu cliente em um lugar tranquilo e relaxante que o permita pensar com tranquilidade fora do ambiente normal de trabalho.

1. **Faça uma exploração inicial.**

   Escreva as respostas para as perguntas a seguir em um caderno.

   - Que atividades o interessavam quando você era uma criança ou adolescente e que talvez tenha colocado de lado, mas ainda adore fazer?
   - O que você gostaria de ter mais no seu trabalho?
   - O que você tem que ter impreterivelmente para ser feliz no trabalho?
   - O que você sempre achou fácil e que outros acham difícil?
   - O que o motiva e dá a você muita satisfação?
   - O que você pode dar aos outros ao mesmo tempo que a si mesmo?
   - O que você gostaria de abandonar que não representa o que você é de verdade?
   - Em seus sonhos, o que você realmente adoraria estar fazendo?

A partir das respostas, peça que o cliente destaque cinco ou seis palavras-chave que se sobressaiam como os elementos que ele quer incluir em sua receita pessoal de carreira. Anote estas palavras.

Pode ser que seu cliente mencione palavras que representem valores tais como colaboração, desafio, tecnologia, inovação, espaço ao ar livre, liderança ou superioridade. Pode ser que seja bastante específico em termos de pessoas, coisas ou lugares que quer incluir na receita de carreira. O mais importante é registrar o próprio linguajar do cliente, não as palavras do coach.

2. **Analise uma experiência anterior.**

   Peça a seu cliente para tentar se lembrar do momento em que foi mais feliz no trabalho. Encontre um momento que ele descreva a si mesmo em estado de *fluxo* – concentrado, sem ansiedade, usando suas habilidades sem se entediar.

   Depois que o cliente identificar um momento específico, faça as seguintes perguntas e anote as respostas para ele:

   - Que tipo de lugar era este, e que tipo de pessoas estavam com você (ou você estava sozinho)?
   - Que atividades você desempenhava?
   - Quais de suas habilidades específicas você utilizou?
   - O que era mais importante para você?
   - Como você estava? Como era a percepção que tinha de si mesmo?
   - Qual foi sua contribuição para os outros?

   A partir das respostas, peça ao cliente para ressaltar cinco ou seis palavras-chave que lhe chamem a atenção. É possível que haja alguma justaposição com a primeira lista, mas o objetivo é registrar vários elementos para incluir na mistura.

3. **Crie a receita para sua carreira.**

   Este exercício pode ser feito em uma sessão de coaching longa ou dividido em duas sessões menores com o cliente trabalhando nele também entre as sessões. Junto com o cliente, analise as duas listas de palavras que foram criadas. Pergunte a ele que sons, imagens e sentimentos as palavras evocaram. Conceda tempo suficiente para que o cliente absorva e desfrute destas sensações.

Dê a seu cliente um pedaço de papel em branco e peça que escreva "No meu trabalho, eu realmente quero..." no topo da folha.

Estimule o cliente a escrever livremente uma descrição de como este trabalho deve ser. Peça que considere o tipo de lugares onde quer estar, as pessoas envolvidas, as atividades regulares, as habilidades de que se utiliza e o que ele irá aprender.

Peça que reflita sobre como este trabalho se encaixa em seus valores e que diferença o cliente pode fazer para os outros ou para si mesmo através do trabalho.

Trabalhe com seu cliente para que a descrição seja específica, de modo que qualquer um que leia possa seguir a receita. Quais são os elementos absolutamente essenciais? Como eles se misturam? Qual é o resultado final? Descreva os aromas e os gostos da experiência.

Depois que seu cliente cria sua receita pessoal, a mente inconsciente naturalmente começa a trabalhar para atrair o resultado desejado. Seu papel como coach é encorajar ações práticas para transformar o sonho em realidade: checando se os objetivos são bem elaborados, superando a interferência que os clientes colocam em seu próprio caminho e dando o primeiro passo para avançar.

Preparando-se para a perda de um emprego

Até mesmo os planos de carreira mais bem elaborados nem sempre funcionam como se espera. Qualquer um que já tenha sido demitido pode falar sobre os sentimentos iniciais de choque e perda, mesmo que a mudança fosse inevitável.

As pessoas que vivem no momento – a PNL os chama de *indivíduos "no tempo"* – são menos propensas a terem planos alternativos para pôr em prática, se comparadas com os que têm uma visão de longo prazo; estes *indivíduos "através do tempo"* tendem a sempre ter um plano de contingência à mão.

Assim como a maioria das pessoas sensatas tem algum tipo de apólice de seguro para carros ou bens, ter um plano B de carreira adequado, no caso de a carreira falhar, oferece uma segurança a mais e, por fim, liberdade de escolha para seus clientes.

Um bom plano B de carreira inclui:

- Um currículo atualizado.
- Uma lista de instituições e possíveis empresas para procurar.
- Testemunhos e evidências de carreiras de sucesso.
- Uma rede de contatos pessoais para informar sobre a disponibilidade.
- Uma poupança para cobrir custos básicos de sobrevivência.

Para algumas pessoas, o plano B também inclui um programa para novos negócios que possam iniciar ou uma função que eles adorariam ocupar se tivessem a oportunidade.

Conquistando uma Boa Reputação

Pessoas que parecem mudar de trabalho sem fazer esforço atraem oportunidades com base na boa reputação construída. Quando você está procurando por um encanador para fazer as instalações hidráulicas de seu banheiro, provavelmente, primeiro pergunta a seus amigos "Vocês conhecem algum encanador que faça um bom trabalho?".

O mesmo acontece no ambiente profissional. Se estiver buscando um novo chefe executivo, um gerente de projetos ou um assistente, é mais provável que confie em recomendações de boca a boca do que em qualquer candidato de entrevista que não tenha sido posto à prova. Muitos empregos nunca foram anunciados, mas *criados* para a pessoa certa. Mesmo que a função seja anunciada, é muito mais provável que as pessoas que selecionam os candidatos sejam mais influenciadas pela reputação do que por um currículo que impressione.

Cada indivíduo, goste ou não, tem uma reputação, ou uma *marca pessoal*. Qualquer coach que trabalhe com os clientes em suas carreiras precisa ajudá-los com total imparcialidade a administrarem suas reputações profissionais. Você pode simpatizar muito com seus clientes, mas precisa olhá-los objetivamente a partir de um posicionamento independente. O processo de consciência da marca pessoal começa com a determinação da forma como os outros percebem seus clientes, ajudando-os a desenvolver as histórias que querem que os outros ouçam sobre eles e a transmitirem estas histórias com confiança por meio de sua rede de contatos.

Obtendo uma visão clara a partir do feedback de outras pessoas

O coaching possibilita que seus clientes descubram detalhes sobre si mesmos. Este processo começa com o despertar da curiosidade e com a abertura para saber como as pessoas veem você.

Independente de você estar trabalhando com clientes particulares ou corporativos, é importante que eles saibam como os outros realmente os percebem. As pessoas tendem a naturalmente filtrar a informação recebida dos outros, seja para ignorar os pontos fortes ou fracos.

EXPERIMENTE! Utilize as perguntas a seguir para ajudar seus clientes a adquirirem feedback de outras pessoas. Peça para escolherem cinco ou seis pessoas em suas redes de contato e fazerem estas perguntas pessoalmente, por telefone ou e-mail. Eles podem escolher pessoas conhecidas, o chefe, colegas de equipe, amigos, família ou membros de times esportivos ou grupos comunitários.

Cinco perguntas de feedback:

1. Quais são meus pontos fortes?
2. Quais são meus pontos fracos?
3. Em que situação você pode sempre contar comigo?
4. Em que situação você nunca pode contar comigo?
5. O que todo mundo sabe sobre mim?

Depois que o seu cliente receber o feedback, analise-o para decidir onde colocar os pontos fortes de seu cliente de uma forma melhor para o desenvolvimento de sua carreira. Pergunte se seu cliente realmente quer ou precisa trabalhar nos pontos fracos ou se ele pode simplesmente permitir a si mesmo deixar de tentar ser algo que ele não é.

Desenvolvendo histórias pessoais

O desafio e a alegria de uma reputação profissional é você poder continuar a obter oportunidades em decorrência de um bom trabalho anterior. Este fenômeno pode ser ótimo para ter segurança no emprego, mas também pode trabalhar contra, quando aquilo que você fazia não é o que quer continuar fazendo.

Trabalhe com seus clientes no sentido de elaborar miniestudos de caso de seus sucessos de trabalho, sendo cuidadoso ao escolher o tipo de trabalho que ele gostaria de fazer mais. Utilize a estrutura a seguir para moldar estas histórias:

- Descreva o tipo de pessoas ou organizações com as quais você trabalha completando a frase:
  - Eu trabalho com...
- Descreva os tipos de trabalho que você faz melhor ao completar a frase:
  - O que eu faço é...
- Descreva os benefícios que outros obtêm ao trabalhar com você, completando a frase:
  - De modo que...
- Descreva como você traz seus talentos únicos para a situação completando a frase:
  - O que me faz diferente é...

Combine todas as quatro frases anteriores para formar uma única afirmação. Você terá o começo para uma ótima história que os clientes podem compartilhar dentro de suas redes de contatos.

Imagine que você está preparando Ana para que ela encontre um outro emprego que adore, em uma nova empresa depois que foi demitida. A história dela poderia ser da seguinte maneira:

> *Eu trabalho com... empresas de varejo que querem vender uma série de acessórios interessantes, de boa qualidade e bom preço para seus clientes.*

O que eu faço é... viajar pela Índia, América do Sul e Ásia estabelecendo relacionamentos com produtores locais confiáveis e conseguindo que eles elaborem e produzam bens que tenham um apelo para os consumidores europeus.

De modo que... o varejista tenha lucro, os fornecedores sejam bem tratados e os consumidores fiquem felizes.

O que me faz diferente é... que eu tenho dez anos de experiência no mercado e falo francês, espanhol e português fluentemente. Eu sou particularmente boa trabalhando com culturas diferentes.

Além do mais, você pode preparar Ana para desenvolver histórias específicas sobre seu trabalho utilizando a mesma estrutura básica. Por exemplo, ela pode desenvolver outras histórias sobre países específicos onde trabalhou ou sobre os tipos de acessórios que ela conhece – bolsas, echarpes e bijuterias. À medida que ela desenvolve seu próprio negócio online e sai à procura de novos consumidores, sua história pode evoluir para a promoção da maneira como ela trabalha online e os tipos de consumidores que ela atende. Da mesma forma, se ela quiser reforçar a parte do setor de sua carreira que oferece aulas de idiomas, precisa de casos que expliquem o tipo de pessoas com quem ela trabalha e que diferença ela faz no ensino de outras línguas.

Comunicando-se com confiança

Comunicadores confiantes não apenas ensaiam suas palavras, eles estão cientes de que suas histórias são bem recebidas pois sabem que as contam de modo convincente. O tom da voz é a linguagem corporal também são levados em consideração.

Reconhecendo o Poder das Redes para Ajudar o Crescimento

O simples pensamento de estabelecer redes coloca alguns clientes em pânico: as pessoas adoram ou odeiam fazer conexões com os outros. As redes de contatos representam uma parte importante no gerenciamento de carreiras, especialmente em momentos cruciais de transição. Quando pessoas com oportunidades de trabalho para oferecer estão procurando por bons profissionais, elas naturalmente acessam suas redes de conselheiros confiáveis. Candidatos com redes fortes se deparam com as oportunidades quando menos esperam, e também estão em uma boa posição para pedir ajuda quando precisam dela.

Conectando-se

O mundo das comunidades online e de mídia social – desde montar um blog até se juntar a grupos como o LinkedIn, o Twitter e o Facebook – é bem conhecido de alguns e assustador para outros, dependendo da faixa etária de seu cliente e dos níveis de familiaridade com a tecnologia. Além dos sites de redes públicos, muitas grandes organizações têm seus próprios grupos internos de redes sociais, que são importantes para o estabelecimento de contatos profissionais.

Comunidades online se expandem à medida que a tecnologia se propaga, o que as transforma em poderosos recursos para as pessoas encontrarem oportunidades profissionais – e também espaços em potencial para causar danos à sua preciosa reputação.

DICA

As pessoas que colocam informações pessoais online precisam proteger sua reputação e privacidade. Assim como qualquer mensagem de e-mail pode se tornar pública depois que você clica no botão de enviar, você deve presumir que depois que posta qualquer coisa – incluindo fotos ou comentários – isso se torna parte do domínio público, portanto todos podem ver. Então, não importa quanta diversão teve nas suas férias ou saindo com os amigos no último fim de semana, nunca envie nada que não queira que um provável cliente ou empregador veja ou leia sobre você.

Ficando conhecido

Independente do seu cliente estar buscando redes de contatos virtuais ou reais, explore as perguntas a seguir junto com ele para ajudá-lo a obter o melhor de cada uma das oportunidades de entrar em uma rede e avançar em sua carreira.

- **Qual é o resultado que você procura nesta rede?** Os clientes precisam manifestar claramente seus objetivos pessoais. Você está buscando construir ou compartilhar conhecimento ou formar um grupo de apoio entre indivíduos que pensam da mesma forma? Você está procurando encontrar novas oportunidades de carreira e negócios, ou oferecê-los a outros? Ou simplesmente quer ter alguma diversão saindo e encontrando gente nova para ver o que acontece? Alivie a pressão sobre si mesmo ao se juntar preferivelmente a uma rede com uma mentalidade do tipo "O que eu posso oferecer?" do que a uma com um perfil de "O que eu posso obter?". As pessoas naturalmente acolhem melhor a generosidade do que a necessidade.
- **O que você quer comunicar?** Ir para um encontro de rede do mundo real ou evento pode deixar as pessoas mudas. Então, ajude seus clientes a se sentirem preparados elaborando histórias. Veja o tópico anterior "Desenvolvendo histórias pessoais" para uma estrutura de conteúdo útil que mande uma mensagem clara e simples quando solicitada.
- **Com quem você quer se encontrar?** Escolha as pessoas no grupo que pareçam interessantes e diferentes de você – pessoas que possam dar a você uma compreensão diferente sobre alguma coisa ou conectá-lo a um mundo diferente. Você não pode se conectar com todo mundo, então obrigue-se a sair de sua zona de conforto para encontrar pessoas que ainda não conhece.
- **Que imagem você quer transmitir?** Seja na vida real ou no mundo virtual, você tem uma reputação para proteger e sua marca para projetar. Sua imagem deixa uma marca, desde o modo como você se veste, fala ou transparece em mensagens online. Considere o que gostaria que os outros dissessem sobre você. Como você pode se sobressair em meio à multidão e ser memorável?

À medida que os clientes adquirem o hábito de se relacionar em rede sem tentar impressionar, eles constroem a marca de sua reputação e atraem com mais facilidade oportunidades profissionais que podem ser úteis durante os altos e baixos que naturalmente ocorrem.

Parte V

Melhorando Seu Repertório de *Coaching* com PNL

A 5ª Onda Por Rich Tennant

"Eu ressignifiquei os problemas dele para eliminar o pensamento negativo, remapeei as suas percepções sensoriais e lhe dei um chute no traseiro."

Nesta parte...

Nesta parte, você descobre como trazer ferramentas comprovadas de PNL para o espaço do coaching, incluindo o trabalho com diferentes conceitos de tempo. Os que gostam de planejar devem aprender a ser espontâneos, enquanto os menos organizados devem aprender a ter uma rotina. Aprende como os exercícios clássicos de PNL em submodalidades e ancoragem conferem poderes a seus clientes para uma atitude confiante. Aprofunda ainda mais a mudança além das crenças limitadoras que impedem o progresso. Descobre também como solucionar batalhas internas, que impulsionam seu cliente a várias direções ao mesmo tempo, usando integrações de partes e exercícios de ressignificação.

Capítulo 12

Usando o Tempo a Seu Favor

Neste Capítulo

- Entendendo a sua relação com o tempo
- Brincando com as linhas de tempo
- Livrando-se de experiências negativas
- Criando um futuro empolgante

Você é do tipo de pessoa para quem dias ou semanas inteiras passam despreocupadamente ou você gosta de contar cada minuto de seus horários e se programar para tudo sem perder um minuto sequer? O tempo pesa sobre seus ombros ou escorre por seus dedos como se fosse areia?

Você está sempre fazendo escolhas sobre como gasta seu tempo e como se relaciona com ele: onde, por quanto tempo e com quem passa seus momentos. Ter consciência de que sua atitude diante do tempo difere das de outras pessoas é interessante. Por exemplo, se você vivenciou uma experiência que ameaçou sua vida, pode achar cada momento mais precioso do que as pessoas a sua volta.

Ao começar a trabalhar como coach, você se surpreende em como o tempo assume uma dimensão diferente. Você está trabalhando com o arco do tempo que abarca desde o começo de uma conversa de coaching, passando pelo próprio coaching e chegando até a conclusão. Uma mudança substancial acontece em minutos. Um telefonema de apenas 30 minutos pode ajudar um cliente que estava andando em círculos a saber como chegar onde quer. O tempo investido por ambas as partes para estar completamente presente e atento no espaço do coaching rende resultados.

As pessoas muitas vezes procuram o coaching quando o ritmo de suas vidas lhes cobra um preço, chegando às suas sessões iniciais procurando soluções para gerenciar melhor seu tempo. Mas aumentar a eficiência – fazendo mais em menos tempo – não é a resposta para a satisfação pessoal na vida. Em vez de fazer as coisas mais rápido, você precisa fazer as coisas certas, as que lhe trazem energia, que se encaixam em seus valores, suas necessidades e no seu verdadeiro senso de identidade. Você também precisa ter coragem para abandonar todo o resto.

Neste capítulo, você descobre como trabalhar com dois aspectos temporais de PNL, conhecidos como *no tempo* e *através do tempo*, e como promover os ajustes nas vidas dos clientes utilizando as eficazes ferramentas das linhas do tempo.

Criando uma Linha de Tempo Pessoal

Você pode visualizar a maneira com que as pessoas registram suas memórias como um padrão baseado tanto no tempo quanto na direção. É possível identificar pistas sobre o padrão conceitual de tempo na linguagem utilizada por seus clientes. Afirmações como "Tudo ficou para trás agora" ou "Estou ansioso pela próxima semana" sugerem que eles guardam as memórias do passado atrás deles e os pensamentos do futuro à frente deles. Eles também podem olhar ou indicar uma determinada direção quando falam sobre um acontecimento.

Depois de compreender como as pessoas organizam seus conceitos de tempo, o trabalho de coaching fica mais fácil quando feito de acordo com estes padrões naturais. Isto viabiliza também que você ensine ao seu cliente como ser mais flexível em suas abordagens, como se distanciar das recordações dolorosas e como transformar seus sonhos de futuro em algo mais instigante.

Visualizando o tempo

Para fazer com que seu cliente perceba a forma que vivencia o tempo, ajude-o a identificar o seu conceito de tempo.

1. **Peça a seu cliente para pensar em um acontecimento passado.** Por exemplo, alguma coisa que ele fez mês passado ou no ano passado ou um evento em que esteve.
2. **Peça ao cliente para apontar qualquer lugar na sala para sinalizar o acontecimento identificado.**
3. **Peça-o para pensar em um acontecimento que irá acontecer no futuro.** Por exemplo, uma reunião que está chegando ou algo que planeje fazer no mês seguinte.
4. **Peça, em seguida, para apontar para esse segundo acontecimento em qualquer lugar da sala.**
5. **Solicite que o cliente aponte para onde ele vê o "agora".**
6. **Trabalhem juntos para refletir sobre os três pontos – passado, presente e futuro – e desenvolva os conceitos do cliente para uma linha de tempo pessoal.**

   Compartilhe com ele as duas posições típicas de linha de tempo "no tempo" e "através do tempo". Pergunte ao seu cliente se visualiza a linha do tempo estendendo-se da esquerda para a direita a sua frente ou se a linha passa debaixo dele. A maioria das pessoas têm um tipo de conceito linear, que pode não ser reto, e em algumas raras vezes elas percebem o tempo como se flutuasse a volta delas.

   - **Uma linha "através do tempo"** se estende a frente dos clientes. Eles têm de virar a cabeça para a esquerda ou para a direita para olhar em direção ao passado ou futuro.
   - **Uma linha "no tempo"** está debaixo do cliente, correndo através de seu corpo. Os clientes têm que virar o corpo todo para olhar para o passado atrás ou em direção ao futuro.

7. **Peça a seu cliente para fazer um desenho ou demonstrar com as mãos como é a sua linha pessoal de tempo.**

   Seu cliente pode não visualizar a linha de tempo efetivamente como uma linha, mas como uma série de símbolos em um padrão (anéis ou espirais, como uma galáxia de estrelas). Se este for o caso, peça a ele para que defina sua linha do tempo usando os conceitos de "no tempo" e "através do tempo" propostos no exercício, escolhendo qual a forma que ele acha que consegue trabalhar e imaginar com mais facilidade.

Trabalhando com clientes "no tempo"

A Figura 12-1 mostra uma linha "no tempo" reta. Este tipo de linha de tempo também pode aparecer em forma de V, aproximando-se do passado por um lado e do futuro por outro. A principal coisa para se verificar é se a linha realmente passa através de alguma parte do corpo.

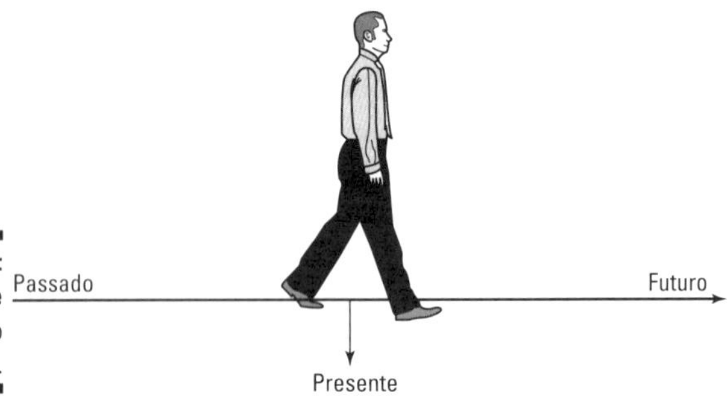

Figura 12-1: Uma linha de tempo "no tempo".

Clientes "no tempo" normalmente:

- São despreocupados com relação ao tempo.
- Têm aversão a programações e planos.
- Seguem seus corações no momento.
- Vivem um dia de cada vez.
- Facilmente deixam o passado e o futuro irem embora.
- Mantêm suas opções abertas para se decidirem mais tarde – frequentemente no último minuto.
- Deixam as pessoas "através do tempo" malucas!

EXPERIMENTE!

Para que clientes "no tempo" consigam ter uma noção do que é operar de outra forma, peça que se imaginem saindo de sua linha de tempo e colocando o passado de um lado e o futuro de outro. Dê-lhes tarefas para desempenharem em um estilo "através do tempo". Por exemplo, elaborem conjuntamente uma programação de atividades para uma festa, com uma lista de tarefas colocadas na ordem cronológica em que serão concluídas. Alerte-os de que podem se sentir levemente desorientados ao experimentarem um estilo de trabalho "através do tempo". Encoraje-os a observar quais melhorias a nova linha de tempo traz.

Trabalhando com clientes "através do tempo"

A Figura 16-2 mostra uma linha "através do tempo" reta com a pessoa de pé, fora da linha. Assim como acontece com a linha "no tempo", esta pode aparecer como um desenho em forma de V – mas neste caso, ela se alonga para fora, da esquerda para a direita em frente à pessoa e não passa através do corpo dela. Aqui, o cliente está assistindo ao tempo passar de fora.

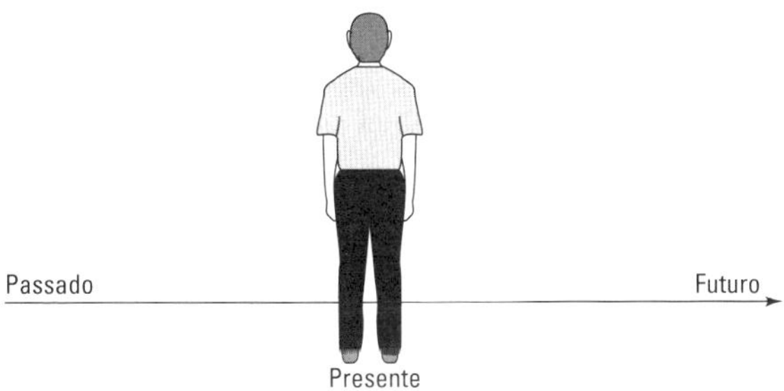

Figura 12-2: Uma linha de tempo "através do tempo".

Clientes "através do tempo" normalmente:

- Valorizam a pontualidade.
- Gostam de visualizar um planejamento de tempo, uma programação e uma agenda.
- Pensam logicamente.
- Têm a vida planejada e seguem seus planos.
- Lembram-se do passado e estão sempre buscando melhorias futuras.
- Têm uma grande necessidade de fechamento.
- Deixam as pessoas "no tempo" malucas!

Para que clientes "através do tempo" possam sentir como é operar "no tempo", peça para que se imaginem pisando dentro de suas linhas do tempo, de modo que ela passe através de seu corpo. Dê-lhes tarefas para desempenharem em um estilo "no tempo", com uma ênfase maior na espontaneidade do que em um planejamento elevado à enésima potência. Um exemplo realmente desafiador é dizer a um cliente para se permitir ter um dia em que acorde a hora que quiser e não tenha nada planejado para fazer. Ele simplesmente deve fazer exatamente o que sentir vontade, de acordo com seu humor. Alerte-o para que talvez fique levemente desorientado ao vivenciar o estilo "no tempo". Encoraje-o a observar que melhorias a nova linha de tempo traz.

Tornando-se um Viajante do Tempo

Depois que os clientes tiverem uma noção de suas linhas de tempo, eles podem colocá-las para funcionar em diversos exercícios de coaching envolvendo tempo.

- Uma abordagem é expor uma linha de tempo do cliente espacialmente no chão com pedaços de papel que representem passado, presente e futuro.
- Outra abordagem é subir aos céus (de forma metafórica), à frente de uma máquina voadora imaginária, como um balão.

A PNL define estar no momento como *associação* e manter-se afastado de um momento como *dissociação.* Ambos os termos aparecem com frequência nos tópicos seguintes, e explicá-los aos clientes de modo que eles possam estar conscientes de suas próprias experiências é muito útil ao processo de coaching.

Saindo quando bem entender

No exercício seguinte, você ensina os clientes a serem viajantes do tempo.

- **Pessoas "no tempo"** devem vivenciar a dissociação das emoções do momento para que possam obter uma perspectiva mais ampla. Estas pessoas conseguem extrair os aspectos construtivos de fortes experiências emocionais, como a raiva por um ente querido.
- **Pessoas "através do tempo"** devem se aproximar mais do momento, parando para observar seus sentimentos sobre uma situação em particular ao invés de manter seu estilo normalmente dissociado.

EXPERIMENTE!

Para ajudar um cliente a viajar através do tempo:

1. **Peça a ele que se sente confortavelmente com os olhos fechados, inspirando e expirando lentamente cinco vezes até que se sinta relaxado.**
2. **Guie-o lentamente através das instruções seguintes, verificando se sua velocidade se encaixa com a de seu cliente.**

   Utilize o seguinte roteiro para orientá-lo através do tempo:

   Comece a se sentir flutuando. Imagine-se indo para cima, acima de seu corpo. Observe como você pode voar muito mais alto que este edifício e consegue ver os telhados... e, então, flutuar através das nuvens... e agora muito além das nuvens.

   Você está no espaço. Sua linha de tempo está muito abaixo de você, como uma faixa. Olhe mais de perto e você também pode ver a si mesmo lá embaixo na linha de tempo.

   Agora, flutue de volta para a sua linha de tempo até que esteja diretamente acima de um acontecimento que ocorreu na semana, no mês ou no ano passado. Paire por lá pelo tempo que quiser.

Flutue adiante até chegar no "agora" e para o futuro até que esteja diretamente em cima de um acontecimento que você saiba que vai acontecer.

Você pode pairar aqui pelo tempo que quiser e se movimentar entre seu passado e seu futuro, sabendo que pode descer para a linha do tempo quando quiser e sair novamente.

Quando estiver pronto, flutue acima de seu tempo até que esteja diretamente acima do "agora".

Volte suavemente para o presente e para seu próprio corpo na sala.

3. **Diga ao cliente que ele agora é um viajante do tempo capacitado e que pode acessar esta habilidade a qualquer momento em que se deparar com uma situação desafiadora.** Peça-lhe para pensar em um momento no futuro quando esta técnica será útil e lhe contar o que fará de maneira diferente.

Livrando-se da negatividade

Técnicas de terapia de linha de tempo sugerem que emoções negativas tais como culpa, tristeza, raiva e medo têm um elemento de tempo associado a eles. Se alguém no passado lhe disse: "Não faça isto, garota burra", você pode estar retendo esta recordação inconscientemente, o que pode impedir que você atinja seu potencial

Se você se lembrar de sentir muita raiva na sua infância, estas recordações podem ainda estar afetando você. As memórias podem estar o impedindo de entrar em conflitos ou podem, ainda, estar lhe estimulando a lidar com os problemas com raiva, porque este é o modelo em que você foi educado.

Coaches treinados com PNL possuem um repertório de técnicas de linha de tempo e experiência para lidar com emoções fortes e traumáticas. Somente use técnicas que você sinta que estejam em seu nível de capacidade como coach. Se estiver em dúvida, converse sobre suas preocupações e técnicas em potencial com um supervisor de coaching ou *Master Practitioner* de PNL em vez de fazer experiências com um cliente.

DICA: Se você alguma vez tiver dificuldades durante uma atividade de linha de tempo, faça com que seu cliente se distancie das emoções dolorosas, subindo cada vez mais alto, longe da linha do tempo dele.

Criando o Futuro Desejado

Linhas de tempo oferecem uma maneira eficiente de criar um futuro empolgante, assim como para superar limitações do passado. Este tópico apresenta uma exploração mais longa, para trabalhar com seus clientes para que possam criar o tipo de vida que eles querem no futuro.

Você pode ajudá-los a definir como gostariam de ser:

- Fisicamente.
- Socialmente e emocionalmente.
- Intelectualmente.
- Espiritualmente ou em termos de seus propósitos.

Visitando vários aspectos, em diversos momentos do tempo

EXPERIMENTE! Você pode criar fisicamente uma linha de tempo com seu cliente, identificando três espaços distintos onde eles vivenciem:

- O passado: cinco anos atrás.
- O momento atual: agora.
- O futuro: daqui a cinco anos.

DICA: Faça esta atividade em um ambiente amplo, onde você possa colocar pedaços de papel no chão ou usar cadeiras diferentes para o cliente se sentar. Se o espaço é restrito, peça aos clientes para se imaginarem em um tapete mágico que pode levá-los a momentos diferentes no tempo.

Para cada uma das atividades a seguir, tenha um caderno e uma caneta à mão para anotar as respostas de seus clientes. Você pode trabalhar através das atividades dos tópicos seguintes na sequência ou pular de um para outro, como achar mais adequado.

Ajustando o corpo

Investigue a saúde física de seus clientes nos três momentos de tempo (passado, presente e futuro), movendo-os pelos três espaços distintos na linha de tempo, observando como era a abordagem deles em relação à saúde no passado, como é agora e como eles gostariam que fosse no futuro.

Faça as seguintes perguntas sobre o passado, o presente e o futuro:

- Como você vivencia sua saúde?
- O que você faz para se cuidar fisicamente?
- O que é essencial para o seu bem-estar físico?

Anote as respostas de seus clientes, prestando uma atenção maior aos ajustes que eles querem fazer agora para salvaguardar o futuro, perguntando: "Quais são os ajustes, se é que há algum, que você gostaria de fazer para proteger sua saúde nos próximos cinco anos?".

Avaliando as ligações sociais e emocionais

Examine o bem-estar social e emocional de seus clientes em cada um dos três momentos, nos três espaços diferentes na sua linha de tempo, observando como sua abordagem a estes aspectos de suas vidas estava no passado, como está agora e como gostariam que estivesse no futuro.

Faça as seguintes perguntas sobre o passado, o presente e o futuro:

- Como estão seus relacionamentos neste momento do tempo?
- Como você está emocionalmente?
- O que é essencial para o seu bem-estar social e emocional?
- O que você faz para cuidar do seu bem-estar social e emocional?
- Quais são os ajustes que você quer fazer nos próximos cinco anos?

Anote as respostas de seus clientes, prestando maior atenção aos ajustes que eles querem fazer agora para garantir uma situação no futuro.

Desenvolvendo habilidades intelectuais

Explore o bem-estar intelectual de seus clientes nos três momentos, deixando que eles se posicionem em três espaços diferentes na linha de tempo, observando como suas abordagens a este aspecto de suas vidas eram no passado, como são agora e como eles gostariam que fossem no futuro.

Faça as seguintes perguntas sobre o passado, o presente e o futuro:

- O que você faz para se cuidar intelectualmente? E para aumentar seus conhecimentos?
- O que é essencial para o seu bem-estar intelectual?
- Como você se considera intelectualmente hoje em dia?
- Quais são os ajustes que você gostaria de fazer ao longo dos próximos cinco anos?

Anote as respostas de seus clientes, dando maior atenção aos ajustes que eles querem fazer agora para salvaguardar o futuro.

Elevando o sentido de conexão espiritual

Examine o sentido de propósito e bem-estar espiritual de seus clientes nos três momentos diferentes, posicionando-os nos três espaços na linha de tempo, observando como suas abordagens a estes aspectos de suas vidas eram no passado, como são agora e como eles gostariam que fosse no futuro.

DICA

Alguns clientes podem não se sentir confortáveis para explorar o domínio espiritual, então, verifique se eles concordam em compartilhar isso. Eles podem achar mais aceitável falar sobre a ideia de energia e sobre o que os fazem se sentir mais vivos ou entusiasmados.

Faça as seguintes perguntas sobre o passado, presente e o futuro:

- Como você se considera espiritualmente hoje em dia? Como você se conecta com sua vida em um contexto mais amplo?

- O que você faz para alimentar este senso de si mesmo?
- O que é essencial para que você se conecte com o seu ser espiritual ou mais determinado?
- Quais são os ajustes que você gostaria de fazer nos próximos cinco anos?

Anote as respostas dos clientes, prestando uma atenção maior aos ajustes que eles querem fazer agora para salvaguardar o futuro.

Explorar a dimensão espiritual pode ser muito desafiador para alguns clientes porque precisam encarar questões mais existenciais acerca do propósito de suas vidas.

Acrescentando o pó mágico

Depois de anotar as informações do tópico anterior nas dimensões física, mental, emocional, intelectual e espiritual do futuro desejado por seus clientes, pode trabalhar com eles para tornar suas visões do futuro ainda mais atraentes.

Peça a seus clientes para entrarem na linha de tempo do futuro. Leia para eles como descreveram a maneira que querem estar daqui a cinco anos. Deixe-os vivenciar as imagens, os sons e os sentimentos que emergem e depois resumir tudo em uma única imagem, palavra ou sentimento para que possam recordar. Então, peça-lhes para salpicarem esta experiência com um pó mágico.

Seus clientes naturalmente gravam esta experiência inconscientemente, sem que você precise prescrever qualquer ação adicional. Se eles quiserem encontrar um símbolo ou fazer um desenho para relembrá-los conscientemente de como serão no futuro, também serve.

Capítulo 13

Transformando Experiências com as Submodalidades

Neste Capítulo

- Coaching além das histórias
- Explorando mais profundamente os sentidos
- Lidando com problemas acessando os recursos internos
- Transformando crenças limitadoras em fortalecedoras

Você já conheceu alguém que o desapontou muito? Um fornecedor, um amigo, um colega ou amor que o desamparou? Observe quanta energia emocional se movimenta em corpo com a simples lembrança da decepção. Pensamentos e emoções se amontoam ao seu redor e interferem no seu bem-estar.

Quando me sentei para começar a escrever este capítulo, observei o quanto estava irritada com um webdesigner que abandonou um projeto na semana passada. Furiosa com seu comportamento descuidado, senti uma queimação no estômago. Minha vontade era envergonhá-lo no Facebook para que todo o mundo visse. Felizmente, o meu botão de pausa foi acionado a tempo pela lógica. Eu me perguntei como meus esforços podiam alcançar qualquer resultado positivo. Quando fui incapaz de pensar em algo positivo, percebi que deveria lidar com o problema de forma a obter uma nova compreensão de mim mesma.

A PNL possibilita a transformação de uma experiência de choque ou raiva em uma atitude de aceitação e prosseguimento, colocando você de volta ao comando. No meu caso, fazendo com que a imagem da situação com o webdesigner ficasse cada vez menor em minha cabeça. Posso até mesmo transformar a imagem em um documento e arquivar na pasta adequada, como faço com velhos recibos.

Entendendo as Submodalidades

Em sua imaginação, tente recordar algo que aconteceu ontem. Você não precisa pensar em um grande acontecimento, apenas lembre-se de algo que comeu, um filme que viu ou uma conversa que teve com um amigo. Observe as imagens, sons e sentimentos que vêm à sua mente. Que sentido é mais forte para você? Imagine que tem seu próprio botão de controle para mudar a qualidade das imagens, sons e sentimentos. Pegue a imagem e crie uma cor diferente, aumente ou abaixe o volume, altere seus sentimentos para uma emoção diferente, transforme quaisquer textura ou sabores. Observe que efeito cada uma destas mudanças causa. Você pode pensar em um elefante rosa, um dia ensolarado ou o som do vento sem que esteja realmente vivenciado isso no momento. Jogar com seus sentidos demonstra o fantástico poder de sua mente brincalhona.

A PNL sugere que tudo o que você experimenta é resultadado das informações que recebe através dos sentidos. Visual (V), o que você vê; Auditivo (A), o que ouve; Cinestésico (C), o que toca sente emocional e fisicamente; Olfativo (O), cheiro; Gustativo (G), gosto. Estes sentidos são as *modalidades* e são chamadas de *sistema representacional* de VACOG.

Cada modalidade tem um nível de aperfeiçoamento chamado de *submodalidade*. Por exemplo, uma foto pode ser nítida ou embaçada, em preto e branco ou colorida. Um som pode ser alto ou suave e ter um ritmo em particular. Ao preparar alguém usando as submodalidades, você deve prestar atenção às experiências visuais, auditivas e cinestésicas predominantes de seus clientes para trabalhar com a estrutura sem que seja necessário saber o conteúdo.

Os três tópicos seguintes examinam detalhadamente como alguém armazena uma experiência específica no VAC principal das submodalidades. Cada submodalidade tem uma pergunta que você pode fazer no coaching para sondar a estrutura da experiência de seu cliente.

Se seus clientes não estão familiarizados com a exploração de submodalidades, o processo pode parecer estranho. Avise que a ideia é chegar à estrutura mais profunda de pensamento através de perguntas diferentes daquelas que eles já conhecem, e veja se concordam com isso. Diga que está tentando obter um sentido para o tipo de imagens, sons e sentimentos associados às suas experiências, pois aprender a ver, ouvir ou sentir as coisas de uma forma diferente gera bons resultados. Um exemplo pode ajudar.

O tópico mais adiante "Mapear através de outros recursos" mostra como juntar – ou *mapear* – estas três submodalidades utilizando uma análise de contraste.

Enxergando as distinções

Neste tópico, você começa a identificar as submodalidades visuais de uma experiência. A Tabela 13-1 resume as diferentes perguntas.

Se quiser tentar uma intervenção visual simples em uma conversa sem fazer uma exploração aprofundada das submodalidades visuais, peça ao cliente para mudar a cor e o brilho da experiência. Pergunte "O que acontece com o modo como você pensa sobre esta situação quando acrescenta luzes brilhantes ou a deixa turva e escura?".

Tabela 13-1 Perguntas para Identificar Submodalidades Visuais

Submodalidade	*Pergunta a ser feita*
Localização	Aponte para onde a imagem está. Ela está próxima do seu corpo, em outra pessoa no local ou fora da sala?
Brilho	Ela é clara ou escura?
Bi ou tridimensional	A imagem está em duas ou três dimensões?
Tamanho	A imagem é pequena ou grande?
Distância	A imagem está perto ou longe?

(continua)

Tabela 13-1 Perguntas para Identificar Submodalidades Visuais *(continuação)*

Submodalidade	*Pergunta a ser feita*
Enquadrada ou panorâmica	Há uma moldura ao redor da imagem ou ela é como se você estivesse no topo de uma montanha olhando ao seu redor?
Colorido/preto e branco	A imagem é colorida ou em preto e branco?
Movimento	É um filme ou uma imagem imóvel?
Orientação	A imagem está na horizontal ou na vertical?
Associado/Dissociado	Você está olhando de seus próprios olhos ou está observando a imagem como se estivesse em uma televisão?

Escutar sinais auditivos

Nesta tópico, você explora as submodalidades dos sinais auditivos de uma experiência. A Tabela 13-2 oferece algumas perguntas para identificar submodalidades auditivas. Para uma intervenção auditiva simples durante uma conversa de coaching pergunte ao cliente que tipo de trilha sonora acompanha a experiência. Explore o que acontece quando ele muda a trilha sonora.

Tabela 13-2 Perguntas para Identificar Submodalidades Auditivas

Submodalidade	*Pergunta a ser feita*
Localização	O som está dentro ou fora da sua cabeça?
Tom	O som é grave ou agudo?
Volume	Ele é alto ou baixo?

Tabela 13-2 Perguntas para Identificar Submodalidades Auditivas

Submodalidade	*Pergunta a ser feita*
Duração	Ele é curto, rápido, com intervalos ou contínuo?
Ritmo	Ele é rápido ou devagar?
Mono/estéreo	O som está vindo de uma única direção ou de todas as partes?
Compasso	O som é compassado?

O maratonista Marcos ouve sua música favorita várias vezes enquanto está treinando. Quando chega a um impasse em uma corrida, ele aumenta o volume da clássica música do Queen *A Kind of Magic* para afastar sua voz interior que diz o quanto ele está cansado. Ele se imagina na linha de chegada com a letra "One dream, one soul, one prize, one goal". Sua estratégia lhe serviu bem por 20 anos de competições, possibilitando que ele arrecadasse muito dinheiro para a caridade.

Sentindo diferenças cinestésicas

Neste tópico, você explora as submodalidades cinestésicas de uma experiência. Lembre-se de que cinestésico se refere tanto a toque quanto aos sentimentos. As perguntas na Tabela 13-3 orientam você através da identificação de diversas submodalidades cinestésicas. Uma intervenção simples de submodalidades em uma conversa de *coaching* serve para que o cliente permita que um sentimento agradável faça uma limpeza através de seu corpo, do topo de sua cabeça até as pontas de seus dedos dos pés. O exercício é útil quando um cliente está se sentindo um pouco ansioso e se beneficiaria em deixar as preocupações de lado para se sentir mais calmo.

Tabela 13-3 Perguntas para Identificar Submodalidades Cinestésicas

Submodalidade	*Pergunta a ser feita*
Qualidade	A sensação é de formigamento ou dormência, relaxada ou tensa? Há alguma textura associada com a percepção?
Intensidade	Quão intensa é a percepção?
Duração	A percepção é contínua?
Localização	Onde está a sensação em seu corpo?
Imóvel ou com movimento	A percepção está em um único lugar ou se movimenta por seu corpo?
Tamanho	Qual é o tamanho da sua percepção?
Temperatura	A percepção é quente ou fria?

Mapeamento cruzado de recursos

Mapeamento cruzado é uma técnica de coaching que trabalha encontrando as características específicas das submodalidades na área do problema de um cliente e comparando-as com as de outra área em que o cliente seja bem-sucedido. Depois de observarem as diferenças, você e seu cliente podem fazer ajustes para ver o que muda na experiência quando o cliente pensa sobre a situação de maneira diferente.

A seguir estão apenas algumas áreas em que você pode fazer mapeamento cruzado de recursos de um área para outra.

- **Ação *versus* procrastinação.** Quando os clientes estão "empacados", identifique exemplos de quando e onde eles conseguiram agir.
- **Bom humor *versus* mau humor.** Quando emoções negativas estão interferindo no bem-estar ou na capacidade de seguir adiante, identifique as áreas em que os clientes estejam satisfeitos e felizes.

- **Diversão *versus* seriedade.** Faça com que tarefas chatas ou difíceis, como a declaração de imposto de renda, fiquem mais divertidas, acessando momentos em que os clientes tenham se divertido.
- **Compreensão *versus* confusão.** Crie formas de tornar o aprendizado mais fácil, explorando as experiências em que os clientes conseguiram compreender algo novo.

Os passos a seguir ajudam você a orientar um cliente através de uma *análise contrastante* que verifica todas as submodalidades, visual, auditiva e cinestésica, para fazer o mapeamento cruzado entre uma experiência positiva e uma em que o cliente deseja mudar.

Antes de tentar o exercício seguinte, assegure-se de estar familiarizado com as perguntas específicas de cada submodalidade nos três tópicos anteriores. Quando fizer este exercício com um cliente de coaching, você pode manter estas perguntas à mão para lhe ajudar a lembrar.

1. **Peça que o cliente identifique o problema e um estado de recursos que possa ser útil neste contexto.**

   Por exemplo, se o cliente não consegue encontrar motivação para um projeto, encontre um momento em que ele estava motivado para fazer alguma outra coisa em um estado de recursos.

2. **Utilizando a Tabela 13-4 como guia, compare as submodalidades de cada contexto.** Faça cada uma das perguntas de cada uma das três submodalidades no intuito de traçar um perfil completo, assim você terá duas listas, uma para o espaço de soluções e outra para o espaço dos problemas. Contudo, se o cliente realmente tiver problemas em uma área, não force a pergunta. Talvez ele tenha um sentido mais forte em uma área do que em outra, e você não precisa ter todas as submodalidades preenchidas na lista.

Você pode comparar as duas situações sem conhecer o conteúdo. Simplesmente faça referência aos contextos como A e B, ou espaço de recursos e espaço do problema.

3. Mapeamento cruzado entre as submodalidades.

Mantendo o cliente pensando sobre a situação, mude as características das submodalidades de um estado de recursos para um estado de problemas.

Trabalhe a lista toda, com um item de cada vez, pedindo a ele que pense sobre o problema e o orientando através de cada uma das submodalidades da lista de soluções que ele elaborou. Por exemplo, "Pensar sobre a imagem, trazê-la para perto de você, torná-la brilhante, vê-la em 3D ou colorida. Observe que os sons são delicados e tranquilos agora, e você sente um líquido quente e suave fluindo através do seu corpo". Este processo pode acontecer muito rapidamente, levando pouco mais de um minuto.

4. Teste.

Verifique como o cliente pensa sobre o assunto depois de um mapeamento cruzado entre as submodalidades. Pergunte "O que você percebe com relação ao problema agora?".

Normalmente, você esperaria que o cliente dissesse que está bem melhor e que ele se sente cheio de recursos para lidar com a situação. Se for este o caso, o trabalho está feito. Se o resultado não for tão bom, você pode verificar esta lista mais lentamente e ir fazendo os ajustes, observando quais características de cada submodalidade melhoram e quais pioram a experiência. Retorne a submodalidade ao estado anterior, a menos que a substituição melhore a situação.

DICA

Se você alguma vez já fez um exame de vista, pense na mudança de modalidades como sendo o oftalmologista testando que lentes são melhores ou piores. Você apenas está fazendo ajustes à experiência.

Faça cópias da Tabela 13-4 e escreva as submodalidades à medida que você trabalha nestas etapas com seu cliente. Entregue a tabela preenchida ao final da sessão de modo que ele possa se lembrar como acessar seus recursos sozinho no futuro, caso surja outro problema.

Tabela 13-4 Análise Contrastante de Espaço de Soluções e do Espaço de Problemas

Submodalidades	*Espaço de Soluções*	*Espaço de Problemas*
Visual: Que aspectos das imagens são importantes?		
Localização		
Brilho		
Bi ou tridimensional		
Tamanho		
Distância		
Enquadrado ou panorâmico		
Colorido/preto e branco		
Orientação		
Movimento		
Associado/Dissociado		
Auditivo: Que aspectos dos sons são importantes?		
Localização		
Intensidade		
Volume		
Duração		
Ritmo		
Mono/Estéreo		
Compasso		

(continua)

(continuação)

Tabela 13-4 Análise Contrastante de Espaço de Soluções e do Espaço de Problemas

Submodalidades	*Espaço de Soluções*	*Espaço de Problemas*
Cinestésico: Que aspectos das percepções são importantes?		
Qualidade		
Intensidade		
Duração		
Localização		
Imóvel ou em movimento		
Tamanho		
Temperatura		

DICA

À medida que você se familiariza com as distinções de submodalidades, identifica suas favoritas para trabalhar. Tente alimentar perguntas acerca de submodalidades em uma conversa de coaching sem fazer uma lista completa de submodalidades. Perguntar se alguém vê um assunto em cores ou em preto e branco ou onde o problema está localizado no corpo, age como um catalisador para deixar seus clientes curiosos sobre suas experiências.

Mudando Posicionamentos

Alguma vez você chorou com uma história triste por se identificar com o personagem? Uma coisa é derramar lágrimas sozinho no sofá em frente a um filme comovente, outra é chorar incontrolavelmente em um evento público.

- **Associação** é a capacidade de realmente vivenciar uma experiência no momento e revivê-la como se estivesse acontecendo novamente agora. Por exemplo, a capacidade de desfrutar a sensação de estar no alto de uma montanha admirando as vistas deslumbrantes à sua volta e acessar esta recordação quando quiser.
- **Dissociação** é a capacidade de assistir a si mesmo de uma perspectiva externa à experiência, como um observador imparcial. Por exemplo, a habilidade de se dissociar de episódios emocionais salva você do constrangimento de ficar com olhos vermelhos quando, na verdade, quer parecer calmo e profissional.

Como coach, você precisa ser capaz de fazer ambos: entrar e sair das situações e deve estimular seus clientes a fazerem o mesmo. Ser empático para com as experiências de seus clientes é muito útil para que você entenda o que eles estão vivenciando. Mas o coaching também requer que você mantenha seu distanciamento profissional a fim de manter seu espaço e permanecer objetivo.

Associando-se ao momento

Estar presente no momento e prestando atenção total à sessão de coaching é absolutamente essencial: ficar imaginando o que está sendo preparado para o jantar não ajuda em nada. Para conseguir que seu cliente esteja associado no coaching, escolha um momento e um lugar para a atividade, quando e onde ele possa se concentrar em estar presente na sessão, especialmente as pessoas de negócios – se você prepará-las em seus escritórios, é provável que se distraiam. No coaching, quando você entra no mundo de seus clientes, você deve realmente entrar em contato com o que está acontecendo com eles. A PNL encoraja você a se colocar no lugar da outra pessoa, usando a técnica de espelhamento da linguagem corporal, verbal e não verbal.

Dissociando-se do momento

Durante uma sessão de coaching, você entra e sai mentalmente do mundo do cliente para ajudá-lo a encontrar as respostas que busca. Após uma sessão, você deve se distanciar dele e não continuar repassando o filme da vida do cliente em sua cabeça, caso contrário não conseguirá viver a própria vida! Envolver-se demais na história de seu cliente é um bom tema para levar para uma sessão de supervisão de coaching.

Mudando Crenças Através dos Sentidos

A PNL considera as crenças fundamentais para a mudança, porque elas direcionam comportamentos de uma forma poderosa. A estrutura profunda das crenças aparece na estrutura superficial do discurso e da ação cotidiana. Um de meus clientes mais bem-sucedidos de coaching de negócios acredita que "o dinheiro está em todos os lugares para onde olho". Esta crença o conduziu a montar e vender negócios rentáveis da Escandinávia ao Báltico, da China à Europa; ele está sempre encontrando oportunidades.

Distinguindo entre limitar e fortalecer crenças

Crenças são pressupostos que podem ou não ser verdadeiros; contudo, você age como se eles fossem verdade. *Crenças limitadoras* restringem os clientes, enquanto que as *fortalecedoras* os conduzem na direção de seus objetivos.

Como coach, desafie pressupostos ou limitações que escute nas conversas de seus clientes e fortaleça aquelas que enriquecem suas vidas. Mas esteja ciente de que as crenças mais influentes são mantidas em um nível inconsciente.

A PNL oferece diversos processos para desfazer a estrutura de crenças limitadoras e gerar outras mais proveitosas, que empoderem os clientes. No tópico a seguir, você descobre o papel que as submodalidades podem desempenhar na formação de crenças.

Um cliente se agarra a uma crença limitadora por uma razão. Descobrir o benefício que ele obtém de uma crença destas e respeitar a intenção escondida à crença (por exemplo, a necessidade de se sentir incluído, seguro ou estar no controle) é um prelúdio importante para o trabalho neste tópico.

A seguir estão algumas crenças limitadoras mais comuns:

- Ninguém gosta de mim aqui.
- Eu não sou boa para delegar.
- Eu tenho medo demais de deixar meu emprego.
- Este é o tipo de coisa que pessoas ricas podem pagar.
- Eu nunca serei capaz de dirigir.

Quando você ouvir este tipo de afirmação, investigue quais os ganhos secundários do cliente com a crença e, depois, peça que ele reflita sobre qual seria uma crença mais fortalecedora para avançar.

Indo além das aparências e fortalecendo o potencial do cliente

Criar uma mudança requer transformar a estrutura da crença – através das submodalidades – de modo que ela não mais se sustente. Depois que as submodalidades mudam, o cliente não pode mais manter a velha crença da mesma maneira; o processo de trabalhar com as submodalidades desestabiliza a estrutura da crença.

EXPERIMENTE!

O exercício de coaching a seguir cria crenças fortalecedoras através da mudança das submodalidades. As etapas se apoiam em submodalidades visuais, porque pesquisas mostram que as pessoas processam imagens mais rápido do que sons e sentimentos. Se você tem um cliente que responde melhor com abordagens auditivas ou cinestésicas, pode adaptar o exercício para se adequar melhor a ele, fazendo anotações dos sons ou sentimentos em seu lugar.

1. **Identifique uma crença limitadora**

   Trabalhe com seu cliente na verbalização da crença que o retém. Escreva isso na lista de crenças limitadoras na Tabela 13-5. Faça uma anotação das características da imagem que vem à mente do cliente quando ele pensa na crença. Ele pode manter a imagem para si ou compartilhá-la com o coach.

   Por exemplo, as crenças "Eu nunca vou ser um bom palestrante" ou "Eu sou irresponsável financeiramente" podem ser representadas pela imagem de uma palestra ruim ou das contas de cartão de crédito que se acumulam.

2. **Identifique uma crença antiga na qual o cliente não acredite mais.**

   Divirta-se um pouco com isso. Crenças antigas em que você não acredita mais podem ser do tipo: "Papai Noel me trará presente no Natal" ou "Minha vida será sempre perfeita". Permita que uma imagem adequada se forme na cabeça do cliente. Novamente, peça que ele escreva as características na lista de crenças antigas na Tabela 13-5.

3. **Reflita sobre uma crença que seu cliente considere uma certeza absoluta.**

   DICA: Precisa de ajuda para encontrar uma nova crença? Tente o seguinte: você sabe que o Sol surgirá amanhã mesmo que hoje o dia esteja cinzento e nebuloso. Peça que imagine o Sol nascendo atrás – e talvez espiando por detrás – das nuvens escuras.

4. **Peça a seu cliente para pensar em uma crença que ele queira no lugar de uma limitadora ou que ele tenha imaginado no Passo 1 – uma crença desejada que seja mais fortalecedora.**

   Esta crença pode ser o oposto da crença limitadora do Passo 1, afirmada de maneira positiva. Por exemplo: "Eu posso ser um palestrante confiante e divertido" ou "Eu estou cuidando bem das minhas finanças".

   Peça a seu cliente para analisar a imagem que acompanha a nova crença desejada e a descreva na lista de "crenças desejadas" na Tabela 13-5.

5. **Identifique as submodalidades das crenças limitadoras do Passo 1, a crença antiga do Passo 2 e a crença tido como certeza no Passo 3.**

Anote os detalhes das submodalidades do cliente na Tabela 13-5. Consulte as perguntas das submodalidades visuais na Tabela 13-1 para se lembrar das perguntas que precisa fazer.

6. **Mude as submodalidades das crenças limitadoras do Passo 1 para as das crenças antigas do Passo 2.** Faça isso da mesma maneira que no exercício de mapeamento do tópico anterior "Mapeamento cruzado de recursos". Peça a seu cliente para pensar sobre a crença limitadora, enquanto você o guia através das submodalidades visuais da antiga crença.

7. **Mude as submodalidades de determinada crença que o cliente preferiria ter (do Passo 4) para aquelas que o cliente tem absoluta certeza (Passo 3).** Faça isso solicitando que ele pense na crença desejada e guiando-o através das submodalidades visuais da crença admitida como certeza, de modo que ele possa agora criar seu próprio sentido da nova crença.

   A sequência do exercício é importante. O cliente chega com uma crença limitadora que o impede de atingir o que quer. Ele precisa se livrar da crença limitadora antes que possa se sentir fortalecido pela crença desejada.

8. **Observe a diferença.** Pergunte ao cliente no que ele acredita agora ser verdade, o que está diferente para ele? Você pode esperar encontrá-lo agora com uma nova crença fortalecedora em que se apoia. Trabalhe com ele para fazer qualquer ajuste nas submodalidades que fortaleçam ainda mais a crença desejada. Anote as submodalidades finais na coluna das "crenças desejadas" da Tabela 13-5 e peça que ele guarde uma nova imagem em sua cabeça para recordá-lo da sua crença.

   O exercício pode revelar outras crenças limitadoras. Se for este o caso, trabalhe com elas através do mesmo processo.

Tabela 13-5 Transformando Crenças Limitadoras em Crenças Fortalecedoras com Submodalidades Visuais

Submodalidades	*Crença Limitadora*	*Crença Desejada*	*Crença Antiga*	*Crença Certa*	*Novas Crenças Fortalecedoras*
Visual: Que imagens são importantes?					
Localização					
Brilho					
Bi ou tridimensional					
Tamanho					
Distância					
Enquadrado ou panorâmico					
Colorido/preto e branco					
Orientação					
Movimento					
Associado/ Dissociado					

Capítulo 14

Administrando Estados Emocionais

Neste Capítulo

- Mantendo os clientes habilidosos mesmo sob pressão
- Trabalhando de dentro para fora
- Livrando-se das interferências
- Defendendo o potencial natural
- Vencendo medos e fobias

Finalmente, as pessoas dentro das organizações estão começando a ser capazes de falar sobre as emoções no trabalho em vez de tentar (e muitas vezes falhar) deixá-las do lado de fora. Os líderes sabem que as pessoas precisam ser emocionalmente inteligentes, bem como fortes intelectual e tecnicamente. A inteligência emocional envolve a habilidade de se harmonizar com suas próprias emoções e as daqueles a seu redor.

Acolhendo Estados Emocionais

As quatro emoções principais de raiva, alegria, tristeza e medo podem, cada uma delas, desencadear um *estado emocional*. E este abrange pensamentos, sentimentos e sensações no corpo. O *estado* descreve um modo de ser, seja este infeliz ou tranquilo, aterrorizado ou eufórico. No coaching, você deve encorajar os clientes a prestarem atenção aos estados emocionais, tomando-os como uma informação útil sobre o que está acontecendo com eles em um nível mais profundo. Por exemplo, se uma pessoa acorda no meio da noite coberta de suor, ensaiando diálogos, claramente está ansiosa com alguma coisa sobre a qual seria bom investigar.

As emoções conduzem as ações e afetam a saúde; elas direcionam a atenção e o comportamento. Se você está se sentindo triste ou com medo, as emoções podem levar você a fazer algo que não faria em outra situação.

Coach, considere-te a ti mesmo

Como coach, você precisa de consciência emocional tanto acerca das emoções de seu cliente quanto das suas próprias, porque seu estado afeta o de seu cliente e vice-versa. Estados mudam com frequência ao longo do dia – até mesmo durante uma sessão de coaching. Quando você está falando sobre os assuntos que seus clientes trazem para o coaching, precisa estar ciente de como você reage emocionalmente e se suas reações são úteis ou atrapalham o progresso do seu cliente.

À medida que ler este capítulo, reflita sobre como está se sentindo hoje. Furioso, para baixo, contente ou triste? Tudo isto? Você ao menos notou como *estava* ou estava mais absorvido com o que estava *fazendo*? Que emoções você expressou ou suprimiu?

LEMBRE-SE

Cuidado ao julgar as emoções como sendo boas ou ruins; elas são o que você sente no momento e é preciso investigar para onde estão lhe levando. Por exemplo, uma pitada de ressentimento e raiva pode ser o que alguém precisa para desencadear uma mudança que vem evitando. Em contrapartida, a alegria pode levar outra pessoa a tomar uma decisão a partir de uma perspectiva cor-de-rosa da qual pode se arrepender mais tarde.

Emoções negativas persistentes cobram seu preço dos seus clientes, drenando a energia e criando níveis de estresse nada saudáveis. Se alguém está continuamente com raiva ou triste, aconselhe-o a procurar um médico, que pode encaminhá-lo para um trabalho terapêutico ou prescrever alguma medicação.

Altos e baixos emocionais são naturais: eles demonstram apenas que você é humano. Algumas pessoas adoram andar pela vida em uma montanha-russa de emoções, com humores imprevisíveis aos demais e somente se sentindo vivo quando estão nos extremos, já outros preferem uma atitude mais estável. Embora humor e estado tenham significados parecidos, o estado é mais duradouro do que o humor. Estados são altamente infecciosos, afetando seus relacionamentos, desempenho e saúde.

Mudando Estados Emocionais

A boa notícia é que você pode mudar um estado quando sentir que é o melhor a fazer. Os tópicos a seguir cobrem a abordagem clássica de PNL conhecida como *ancoragem*, que possibilita que você acesse os estados específicos que lhe são mais úteis, independente do que está acontecendo no mundo à sua volta.

Para que o coaching seja mais eficiente, tanto o cliente quanto o coach devem estar em *estado de recursos*. Você pode descrever o estado de recursos como sendo alerta, presente, calmo, claro, curioso e criativo – quaisquer que sejam as palavras que sintetizem o melhor estado para você.

Verificando o estado-base

Para mudar um estado, você precisa primeiro se sintonizar com a sua *base*, que é o seu modo normal, com o qual está mais familiarizado, de passar o dia.

O seguinte exercício de autoconsciência ajuda os clientes a apreenderem informações sobre o estado de base e a observarem como ele muda ao longo do dia.

1. **Peça a sua cliente para se autoanalisar por sete dias, registrando suas percepções pela manhã, ao meio-dia e à noite.**

   Seus clientes podem escolher descrever o estado de base em palavras em um quadro, através de um código de cores em sua agenda, colocar pedrinhas em diferentes frascos, afixar post-its coloridos em um calendário ou desenhar símbolos, como carinhas sorrindo e carinhas tristes. Use sua criatividade para ajudar a criar este banco de informações.

2. **Depois de reunirem informação suficiente, analisem os dados.**

Peça a sua cliente para que reveja os dados antes da sessão, para que possa responder ao seguinte:

- Que atividades específicas afetam os estados-base para melhor ou para pior?
- Como os estados dela desencadearam os comportamentos?
- Que efeitos as diferentes pessoas ou situações têm sobre seus estados?
- Quando ela está em seu melhor e pior estado no dia a dia?

3. **Em uma sessão subsequente, faça perguntas sobre as observações de sua cliente e o que ela *gostaria* que acontecesse de maneira diferente no futuro.**

   Se ela identificou que regularmente se sente deprimida, por exemplo, então, o coaching poderia focar em formas de melhorar este sentimento.

   Se ela acha que determinadas atividades fazem com que se sinta muito bem, talvez possa pensar em maneiras de reservar mais tempo para fazer estas atividades.

4. **Para em conjunto uma lista de atividades que permitam que a cliente experimente novas maneiras de se comportar e ser.**

   Talvez ela estabeleça sua intenção de celebrar os sucessos à medida que acontecem e se divertem mais.

Ancorando estados positivos

Uma *âncora* é um estímulo externo que desperta um estado interior ou uma reação específica. Você responde a âncoras o tempo todo, quando checa o telefone ao ouvir um alerta de mensagem ou vai até a cozinha ao sentir o cheiro do jantar sendo preparado. Você pode ter estabelecido âncoras negativas, como gritar ou franzir a testa quando alguma coisa o desagrada, sem perceber. Estas reações a determinados estímulos foram armazenados em seu banco de memória depois de estabelecer o hábito por determinado período.

Recordações oferecem poderosos recursos para desencadear uma mudança positiva no estado emocional, e a PNL explora estes recursos com a ancoragem. Diversas técnicas de PNL possibilitam que você estabeleça uma âncora para criar um estado em particular. Na maior parte das vezes, os coaches de PNL estimulam os clientes a fixarem uma âncora, como um determinado movimento das mãos, para desencadear um estado específico. Alguns clientes preferem usar sons e imagens como âncoras.

O exercício do Círculo de Excelência a seguir trabalha na ancoragem de uma experiência positiva, vivenciada em determinado contexto, a um movimento de mão. Depois que uma experiência é ancorada, os clientes podem se basear nesta âncora para mudar seu estado em situações desafiadoras.

Descreva os seguintes passos e o processo de ancoragem para o cliente antes de executar as etapas para valer. Mostre ao cliente alguns movimentos normalmente usados na ancoragem.

As sugestões daquilo que deve dizer ao cliente durante as etapas aparecem a seguir *em itálico*.

1. **Peça ao cliente para descrever uma situação que ache desafiadora e em que ele gostaria de mudar seu estado emocional.**

   Pense na situação em que você gostaria de ser diferente e imagine um círculo de um metro de diâmetro no chão à sua frente.

   Este círculo imaginário é o "Círculo de Excelência" do cliente.

2. **Fique de pé fora do círculo com o cliente e peça que ele identifique o estado positivo que quer criar.**

   Identifique seu melhor estado. Descreva este estado com suas próprias palavras.

   Dê tempo para que o cliente descreva o estado positivo. Tudo o que você está procurando aqui são algumas frases de descrição ou algumas palavras-chave.

3. **Faça com que o cliente experimente o estado positivo novamente.**

   Lembre-se de um momento quando você estava [repita de volta as palavras usadas pelo cliente]… *retorne a este estado firmemente... Veja o que viu e ouça o que ouviu naquele momento.*

Peça ao cliente para entrar no círculo e vivenciar o estado positivo ainda mais vividamente.

Reviva aquela experiência. Faça-a vívida: esteja lá na experiência com todos os seus sentidos. Sinta o que suas mãos estão fazendo. Agora, retenha ou ancore este estado fazendo um movimento com a mão no exato momento em que a recordação for mais vívida.

Depois que o cliente ancorar a experiência, peça que ele saia do círculo.

4. **Repita o exercício com uma segunda experiência de um estado positivo, ancorando a experiência mais vívida do sentimento com o mesmo movimento de mão.**
5. **Peça ao cliente que descreva o momento no futuro em que quer acessar este estado.**
6. **Depois de identificar o acontecimento futuro, peça ao cliente para entrar no círculo de novo como se estivesse entrando no acontecimento real e fazer o movimento de mão ancorado.**

   Com sua mão na posição ancorada, movimente-se dentro do círculo. Olhe, ouça e sinta como a experiência pode ser para você agora.

   Dê ao cliente tempo para desfrutar e se integrar ao sentimento de estado positivo.
7. **Após o cliente experimentar o passo positivo, peça que saia do círculo.**

   Relaxe... você conseguiu!

Encoraje os clientes a praticarem utilizando este movimento de mão algumas vezes entre as sessões de coaching para que se recordem da técnica.

Permitindo que estados negativos se afastem

Tradicionalmente, a avaliação anual de desempenho que gerentes faziam de seus subordinados focava nas negatividades, utilizando uma abordagem do tipo “coisas que você poderia fazer melhor”. Felizmente, a postura está começando a mudar já que cada vez mais gerentes são treinados em coaching e entendem que a transformação pessoal acontece quando você defende os pontos fortes e sucessos das outras pessoas para aproveitar seus potenciais.

O exercício a seguir é baseado em um outro exercício usado pela coach norte-americana Jan Elfline, em suas *master classes*. Eu apresento o exercício como uma atividade de equipe, mas você pode adaptá-lo para uma sessão de coaching individual solicitando ao seu cliente que fale ou escreva seus êxitos.

1. **Peça a cada membro da equipe para escrever três êxitos pessoais e três sucessos profissionais e fazer uma breve anotação sobre eles. Prepare-os para serem entrevistados sobre seus sucessos.**
2. **Peça que cada membro da equipe entreviste os colegas, pedindo que compartilhem um sucesso.**

   Peça que cada membro da equipe entreviste até seis colegas. Se a equipe for de seis indivíduos ou menos, permita que todos tenham a oportunidade de compartilhar um exemplo em uma série de rodadas.
3. **Complete seis rodadas de entrevistas, permitindo a cada membro da equipe compartilhar uma história por rodada.**

   Cada pessoa deve contar uma história apenas uma vez
4. **Reúna todos novamente em um círculo e destaque os sucessos de cada membro da equipe.**

   Dê uma volta no grupo, pessoa a pessoa, e peça aos outros para compartilharem uma história de sucesso que se relacione a ela.

Lidando com a Interferência de Gremlins

Gremlins são os aspectos das identidades das pessoas que podem se meter no meio do caminho da inventividade natural, prejudicando seus estados emocionais. Eles o impedem de agir ou criticam o que você faz. São como pequenos duendes irritantes que dançam à sua volta fazendo travessuras, importunando e aumentando as inseguranças de seus clientes.

Gremlins brincam com suas emoções de um modo negativo e podem assumir diversas formas. Os tópicos seguintes examinam os três tipos mais comuns de gremlins.

- **O gremlin pacificador** evita confrontos a todo o custo.
- **O gremlin perfeccionista** é impossível de agradar, pois a perfeição é inalcançável.
- **O gremlin procrastinador** quer adiar a tarefa de hoje para amanhã.

Há muitos outros gremlins por aí, então, fique atento a eles nas conversas de coaching e chame a atenção de seus clientes se você sentir que há um gremlin à espreita. Enquanto alguns modelos de coaching procuram se livrar dos gremlins, a abordagem da PNL é de respeitá-los como uma parte importante de sua identidade. Quando você lida com eles como fontes de informações valiosas, pode adquirir novos conhecimentos através de seus dons. Eu prefiro tratá-los como membros da equipe interna que acrescentam uma qualidade diferente para os objetivos de meus clientes. Eles podem ser utilizados quando necessários e ignorados quando não forem requisitados. No Capítulo 15, examino as diferentes partes da identidade de uma pessoa, observando cada uma delas como um propósito positivo para o todo. O desafio é encontrar o aspecto positivo de um gremlin e mantê-lo longe das travessuras a menos que seja útil.

Sacudindo o gremlin pacificador

O gremlin pacificador tem medo de tomar qualquer atitude que possa sacudir o barco e quer acenar com a bandeira branca ao primeiro sinal de batalha. Seu trabalho é manter a pessoa em segurança, longe do perigo. Portanto, "suportar e se calar" é a mensagem implícita do gremlin pacificador quando levado a extremos:

- Por que entrar com um pedido de divórcio quando você pode suportar um casamento nocivo?
- Por que dizer a uma amiga que ela permaneceu mais tempo do que era bem-vinda se ela eventualmente vai embora?

- Por que disciplinar um empregado quando você vai mesmo trocar de emprego?
- Por que dizer à sua chefe que ela está sendo insensata se você pode apenas ignorá-la silenciosamente.

A paz, por si mesma, é um objetivo nobre, mas o medo do conflito ou da vontade de discutir uma visão diferente significa que você se acomodou a uma vida do tipo "melhor que nada".

Bagunçando o gremlin perfeccionista

Muitos clientes reconhecem seus gremlins perfeccionistas e percebem que eles sugam uma enorme quantidade de energia. A perfeição não é apenas impossível, ela também faz com que você se preocupe demais e enverede por tarefas e projetos de uma forma que isto nunca chega a um fim. Nada realmente é bom o suficiente quando você busca exemplos de vidas perfeitas retratadas por revistas de estilo resplandecentes ou perfis de celebridades glamurosas.

DICA

Uma forma de contrapor o perfeccionismo de seus clientes é compartilhar o princípio de Pareto ou a regra 80/20. Este princípio determina que 80% dos seus resultados vem de 20% de seus esforços. O custo da perfeição é 80% mais de tempo para espremer os 20% restantes do resultado. Este princípio leva você a prestar uma atenção maior aos custos de se optar por este caminho o tempo todo.

Demitindo o gremlin procrastinador

O gremlin procrastinador prospera criando distrações, fazendo com que barulhos e atividades desviem você de seu foco principal. Gremlins procrastinadores podem ser bem divertidos e até mesmo proporcionar o relaxamento necessário ou um pouco de tempo para pensar. "Vamos ao shopping em vez de fazer aquele trabalho agora" ou "Vamos apenas tomar mais uma xícara de chá e bater papo" são algumas versões interessantes deste gremlin.

A tática contra ele é criar mais estrutura e momentos de concentração em atividades identificáveis.

Peça a seus clientes para identificarem exatamente como o procrastinador os distrai. Que tentações este pequeno gremlin oferece? Uma oportunidade para ir às compras? Tomar café fofocando? A satisfação temporária de um ataque à geladeira, ler uma revista ou navegar na internet? Então, peça aos seus clientes para:

- Medir o tempo gasto em distrações.
- Decidir que benefícios você quer manter e do que quer se libertar.
- Atribuir um custo às suas distrações em termos de dinheiro ou oportunidades perdidas em outro lugar.
- Identificar maneiras de reduzir as distrações.

Quando os clientes estão procrastinando, peço que reservem apenas uma hora de concentração por dia para uma tarefa crucial que tenham em mãos. Não é nem mesmo uma hora inteira de trabalho; apenas um comprometimento de passar 50 minutos de tempo dedicado e, depois, fazer um intervalo de dez minutos. Clientes que seguem esta técnica têm permissão para, após uma hora, parar ou continuar a tarefa. Na maioria das vezes, depois de começar, as pessoas passam mais tempo se dedicando a tarefa e acabam entrando em uma rotina, deixando sua procrastinação para trás.

Desenhando seus gremlins

O exercício seguinte pode ajudar os clientes a identificarem um grupo de gremlins que esteja causando problemas e decidir como fazer com que estas criaturas traquinas trabalhem para sobreviver.

1. **Dê a seu cliente uma grande folha de papel em branco e várias canetas coloridas.**
2. **Peça-o para identificar seu elenco de gremlins com desenhos e palavras.**

   Estimule seu cliente a dar nomes e personalidades aos gremlins. Comece com os três principais, e pode ser que ele apareça com mais dois ou três.

3. **Discuta com o cliente cada um dos atributos dos gremlins, observando todos os possíveis benefícios que eles trazem.**
4. **Peça ao cliente para decidir que papel positivo atribuir a cada gremlin e encontrar uma maneira de cada um contribuir para a programação de coaching.** Uma cliente, Teresa, que chamou um gremlin de Assustado, diz que este personagem está encarregado de enfatizar os riscos quando surgem grandes decisões a tomar.
5. **Identifique como cada gremlin pode surgir de maneira indesejada e liste as estratégias para manter cada um deles sob controle.** O gremlin Assustado pode impedir que Teresa se divirta em festas e reuniões sociais, então, ela se imagina prendendo o gremlin em uma gaiola em eventos sociais, quando ele pode ser inconveniente.

DICA

Ao personificar gremlins, você tem uma forma representativa de identificá-los e discuti-los. Ser capaz de dizer algo como "Ah, é como se a Penélope Perfeccionista tivesse aparecido de repente" ou "Aí está Pedro, o que conserta tudo, falando de novo" ajuda você a reconhecer quando o gremlin está se intrometendo em uma situação sem ser convidado e diminui a autocrítica não produtiva.

Superando o Medo

O medo é centrado na expectativa de que alguma coisa desagradável ou indesejada aconteça no futuro. Ele pode paralisar seus clientes ou desencadear uma ação desesperada para fugir dele. O medo é um motivador comprovado, mas suga as energias e faz com que as pessoas operem aquém de seus potenciais.

Algumas vezes, o medo não é real nem racional o suficiente para ser expressado – é apenas uma sensação de que algo não está bem. Embora ele possa impedi-lo de alcançar alguns objetivos, também pode servir como um bom mecanismo de alerta.

Para deixarem o medo de lado e se tornarem confiantes, os clientes devem reconhecer a sensação de medo e encarar aquilo que os está assustando. Alguns dos medos mais comuns que as pessoas trazem para coaching incluem:

- **Finanças e posses.** Tenho dinheiro suficiente? Tenho como comprar o carro, a casa, as roupas, a diversão que quero? O que vai acontecer se eu perder minhas posses preciosas?
- **Solidão e rejeição.** Alguém gostará de mim ou me amará? Alguém se importa comigo? Vou perder meu emprego?
- **Conhecimento.** Será que sei o bastante? Sou suficientemente inteligente? Os outros vão me aceitar?
- **Juízo.** Vou ouvir alguma crítica sobre mim que não vou gostar?
- **Privacidade.** O que vai acontecer se eu contar às pessoas alguma característica pessoal minha?
- **Experiências ruins.** Ainda vou repetir erros do passado?
- **Coragem.** Como posso dizer o que realmente acho e expressar aquilo que quero?

Faça qualquer uma das perguntas abaixo nas sessões de coaching para explorar o medo:

- Como você está vivenciando o medo?
- Seu medo – ou o de outra pessoa – está pressionando você?
- O que o medo dá a você?
- O que você preferiria ter no lugar do medo?
- Como a vida será melhor para você depois de se livrar deste medo?
- Que ideias você já teve para se livrar do medo?
- Que pequeno e fácil passo você pode dar no momento para se libertar do seu medo?
- Como pode superar o seu medo?

Lutando pela confiança natural

Quando os clientes vêm para o coaching dizendo que não têm autoconfiança, eles estão generalizando a partir de um ou mais incidentes para uma sensação mais ampla de estagnação, onde não reconhecem mais a si mesmos. Eles perderam a conexão com seu estado saudável e natural de bem-estar emocional.

Confiança requer a sensação de que tudo está bem, independente dos acontecimentos, pessoas e circunstâncias. Requer que você confie em si mesmo do íntimo de seu ser e não permita que emoções negativas impeçam que continue a fazer o que quer ou precisa fazer. Infelizmente, não existe nenhuma pílula ou poção mágica de confiança: afinal de contas, desenvolver a confiança está nas mãos de seus clientes.

Como coach, encoraje seus clientes a perceberem sozinhos em que momentos eles se sentiram confiantes. Peça que descrevam estas experiências o mais precisamente possível. A Tabela 14-1 traz um formulário para anotar as informações sobre estes momentos e mostra um exemplo. Tais experiências agem como referências que depois podem ser ancoradas usando a técnica do "Círculo de Excelência" do tópico "Ancorando estados positivos", no começo deste capítulo.

Tabela 14-1 Experiências de Autoconfiança

Onde estava e o que estava fazendo quando me senti mais confiante?	*Que pretensões tracei para mim mesmo e para os outros?*	*O que permitiu que me sentisse confiante?*	*Dê um nome para este estado de confiança. Como exatamente eu me senti?*
Quando posei para a minha foto de formatura com meus pais.	Que eu podia alcançar alguma coisa difícil através de meus próprios esforços.	Saber que o meu trabalho duro rendeu frutos.	Entusiasmado e satisfeito.

Depois que os clientes criarem seu conjunto de referências de experiências positivas, trabalhe com eles para ancorar as experiências para o futuro ou para que se lembrem delas quando estiverem com problemas.

Libertando-se de fobias rapidamente

Os clientes trazem todo o tipo de inseguranças para o coaching que podem ser discutidas e trabalhadas logicamente. De vez em quando, chega alguém com uma resposta fóbica que atrapalha sua vida cotidiana. Seu estado emocional é abalado pelo simples pensamento daquilo que causa o medo. Eu tive clientes que tinham medo de andar de escada rolante ou elevadores, passar por pontes em estradas e de andar de avião. As emoções extremadas criam fortes reações físicas, incluindo dores de estômago e ataques de pânico. Estes medos são irracionais e podem ter um efeito debilitador na vida cotidiana. Mas quando são superados, os clientes experimentam uma sensação de liberdade linda de se ver.

Separando as emoções da memória cinematograficamente

A PNL oferece uma técnica muito útil chamada de *Cura Rápida da Fobia* que dessensibiliza os clientes de seus traumas ou fobias. A técnica funciona através da separação – ou *dissociação* – entre as imagens e as emoções na memória do cliente. Para alcançar esta dissociação, os clientes devem se visualizar sentados na plateia de um cinema (dissociação), assistindo a si mesmos na tela (dissociação dupla). A técnica também é útil quando o cliente vivenciou alguma experiência ruim, como uma apresentação que não saiu boa.

DICA

Apenas use esta técnica em um lugar onde os clientes se sintam muito confortáveis e seguros e somente se você se sentir apto para mantê-los relaxados e calmos caso entrem em pânico. Leia este tópico com atenção e pratique com um colega de coaching para ter uma visão mais clara do processo. Assegure-se, antes de começar, de criar um local seguro no qual o cliente possa parar o exercício se o achar desafiador demais. Lembre-o de que ele estava seguro antes da experiência desagradável e de que está seguro agora.

EXPERIMENTE!

Após identificar uma reação fóbica a um estímulo ou a uma memória traumática ou desagradável de um cliente, siga os passos a seguir para ajudá-lo a superar suas reações fóbicas. Esta técnica funciona bem, sentando-se em um sofá confortável em uma sala calma e reservada.

1. **Imagine-se sentado no cinema, assistindo a si mesmo projetado como uma pequena imagem em preto e branco na tela.** Peça ao seu cliente para se imaginar comprando pipoca e refrigerante, para que entre na experiência; você pode dar um controle remoto a ele e executar o exercício imaginando estar olhando para uma tela de TV.
2. **Imagine-se flutuando para fora da pessoa que está sentada na poltrona do cinema, em direção à sala de projeção.**
3. **Veja-se na sala de projeção, assistindo a si mesma na poltrona assistindo ao filme protagonizado por você na tela.**
4. **Como o projecionista, rode o filme em preto e branco, como uma imagem minúscula.**

   Comece o filme no momento em que vai começar a vivenciar a recordação desagradável que quer superar e continue a projeção até o final da experiência, quando já estava seguro.
5. **Congele o filme ou faça com que a tela fique completamente branca.**
6. **Flutue para fora da sala de projeções, para fora da poltrona, por sobre a tela e até o final do filme.**
7. **Passe o filme de trás para frente, muito rapidamente, por um ou dois segundos, em uma versão em cores.**

   Vivencie o momento final do filme (onde você está seguro) até o começo (onde você também está seguro).
8. **Rode o filme para trás e para frente várias vezes, sempre parando em um lugar seguro.**

   Repita este passo até que você esteja à vontade com a experiência.
9. **Teste de conclusão.** Peça ao cliente para deixar o cinema e voltar para o tempo presente. Peça que ele imagine uma situação se aproximando, em que haja a possibilidade de reviver uma reação fóbica, como uma viagem de avião, caso tenha medo de voar. Pergunte como se sente sobre isso agora e, se ele não manifestar a reação fóbica, a cura da fobia foi eficiente. Você pode repetir o exercício até que o cliente esteja completamente dessensibilizado da experiência desagradável.

Se você não se sentir confiante para fazer este exercício com um cliente, considere convidar um coach treinado em PNL para trabalhar com você e ajudar seu cliente a identificar o ganho secundário da fobia.

Identificando – e substituindo – os ganhos secundários

Como um ponto de partida para desativar reações emocionais exageradas, você pode ajudar seu cliente com conversas sem atacar diretamente a fobia. Simplesmente descubra o ganho secundário da fobia. Quais são os benefícios positivos que seu cliente obtém da fobia? Se estes benefícios puderem ser obtidos de outra maneira, a fobia pode desaparecer espontaneamente.

Lucas tinha um medo de avião que o levava a um ataque de pânico toda vez que estava prestes a embarcar em uma aeronave. Ele trabalhava em um escritório onde não tinha muito em comum com seus colegas de trabalho, que eram senhoras muito mais velhas e mais interessadas em seus filhos e netos do que no trabalho. Contudo, elas estavam sempre interessadas em ouvir sobre suas férias ou viagens de negócios e como ele havia conseguido lidar com o medo. Ele percebeu que este era o único momento em que conseguia conversar com as colegas. Seu medo também lhe conferia muita simpatia por parte de seus companheiros de viagem, que faziam de tudo para que a viagem de Lucas fosse menos estressante e lhe davam a poltrona que quisesse.

Capítulo 15

Conectando Todas as Partes de uma Pessoa

Neste Capítulo

- Apoiando os clientes durante as mudanças
- Integrando as partes para criar uma pessoa inteira
- Superando conflitos internos
- Trocando a moldura de uma situação

Toda vez que ouve seu cliente dizer "Bem, uma parte de mim... e outra parte de mim...", você tem em mãos um material maravilhoso para trabalhar. "Parte de mim quer ser um astro de sucesso e outra parte quer ser encanador", diz um cliente sobre sua carreira dos sonhos. "Parte de mim está furiosa e parte está aliviada", diz outro quando perde o emprego. Aventurar-se pelas tensões, desejos e desafios destas diferentes partes pode render informações valiosas e uma nova autoconsciência para seus clientes.

Separando por Partes

Em sua vida, você se divide em muitas partes. Algumas das separações acontecem com plena consciência. Talvez já saiba que uma parte de você gosta de desafios, mas pode ser menos consciente de que outra parte tem dificuldades com o conflito até que isso passe a ser um problema, porque você não gosta de dar notícias ruins para os colegas ou de sentir que não fez o melhor trabalho que poderia fazer.

LEMBRE-SE

Separar suas partes a ponto de ignorar algumas delas não é muito promissor. O perigo está em não aceitar o quanto aquela parte contribui para o todo. Como coach, você encoraja seus clientes a aceitarem todo o seu ser sem julgamentos e a reconhecer a desconexão entre diferentes partes à medida que trabalham para encontrar um sentido coerente de identidade. Seus clientes progridem ao trabalhar para aceitar todos os aspectos de si mesmos sem julgamento.

A PNL sugere que estas partes são *fragmentos não integrados* da mente de um cliente. Cada uma delas tem seu próprio propósito, função e intenção que aparecem no comportamento. Muitas vezes, estes fragmentos surgem de maneira involuntária. Você pode ouvir seu cliente dizer: "Não sei o que aconteceu comigo!" ou "Este não sou eu falando". Uma parte pode assumir a identidade de um pai ou mãe desaprovador como em "Esta parte era meu pai falando".

É provável que cada parte tenha suas próprias crenças e sistema de valores. As partes causam problemas quando o comportamento de uma delas não combina – ou *está fora de alinhamento* – com o comportamento adulto desejável.

Mantendo Todas as Partes Amparadas Durante a Mudança

Apenas imagine como a vida seria sem mudança. Tudo é previsível e controlado – mas também nada é estimulante ou novo. Talvez o mais significativo seja que nenhum crescimento acontece. Embora um tipo de existência "a la Peter Pan", no idílico mundo da Terra do Nunca, possa parecer muito atraente, você tem que crescer e encarar mudanças periódicas na vida e no trabalho.

Algumas mudanças são bem-vindas, outras são chocantes e nada estimulantes. Tempos de transição causam introspecção e confusão até mesmo quando a mudança é desejada e acolhida. "Parte de mim sabe que a velha forma se foi e outra parte teme a nova", é a mensagem implícita quando emoções, lealdades e identidades divididas aparecem.

O coaching constitui um recurso fabuloso para os clientes que estão passando por momentos de transição, quando eles precisam se desapegar de uma parte de suas vidas para poder dar as boas-vindas a outra. Coaches entendem o valor de uma *transição* segura, um lugar de apoio com um profissional competente que quer o seu melhor, onde é possível fazer ajustes, explorar dilemas e experimentar novas abordagens. Um lugar em que os clientes se sentem valorizados e respeitados pela totalidade de seu ser, sem serem obrigados a ter todas as respostas.

Construindo sobre experiências anteriores

Muitas vezes as pessoas não se conscientizam de que passaram por uma transição até que achem que alcançaram o outro lado e são capazes de olhar para trás e ver como cresceram e mudaram.

O exercício a seguir possibilita que seus clientes prestem atenção às suas habilidades naturais para tirar o máximo do conhecimento que obtiveram de transições anteriores e aplicá-las em situações atuais e futuras.

1. **Peça a seu cliente para anotar sete acontecimentos de sua vida que ele considera como transições.**

   Alguns exemplos de transições incluem:

   - **Em casa:** ir para a escola, a transição da adolescência para a idade adulta, aprender a dirigir, sair de casa, casar, ter filhos, mudar de parceiro ou parceira/esposa ou marido, perder um ente querido.
   - **No trabalho:** o primeiro emprego; perder um emprego; contratar ou demitir um empregado; passar por uma fusão de empresas; passar por uma reestruturação; ser promovido ou rebaixado; mudar de profissão.

2. **Para cada experiência, faça ao cliente uma série de perguntas.**

   - Você se planejou para esta experiência?
   - Você a reconheceu como uma transição naquele momento?
   - Como você a vivenciou?
   - Como você se adaptou à nova situação?

3. **Solicite ao cliente que crie um resumo do que ele descobriu sobre si mesmo nas transições anteriores.**

   Preste atenção em especial ao (e se necessário, oriente o cliente na identificação) que ou quem o apoiou e o que ou quem o atrapalhou.

4. **Faça com que o cliente identifique possíveis mudanças que terá de enfrentar no futuro e pergunte que atitude ele pode tomar agora para desenvolver resiliência.**

   Encoraje o cliente a identificar o que necessita lembrar a si mesmo no momento. Isto pode incluir pedir ajuda para alguém, fazer mais exercícios ou aumentar o número de horas de sono, fazer uma poupança ou aprender novas habilidades.

5. **Planeje com seu cliente o que ele precisa para se manter no caminho quando os desafios surgirem.**

   Por exemplo, o cliente precisa de um lembrete visual ou escrito? Algumas pessoas gostam de ter uma imagem ou um pequeno objeto, outros uma lista de dicas, uma planilha ou outro documento que eles possam preencher para se manterem no caminho certo.

Verificando a ecologia

Durante as transições, o coach olha para a pessoa como um todo, mantendo espaço para o individual e delicadamente lembrando o cliente da visão geral de sua identidade. Os clientes, por sua vez, estão muitas vezes focados em apenas um aspecto de suas identidades.

A clássica pergunta "O que você quer?" precisa levar em conta especialmente o que a pessoa inteira quer em momentos de mudança, não apenas a parte que está dominando naquele momento. O que mais está acontecendo em um contexto maior?

LEMBRE-SE

O juramento hipocrático implícito de coaching é levar a pessoa a um estado saudável – e definitivamente não a um estado pior do que quando começou.

Considere uma situação em que um cliente que trabalha em uma empresa que passa por um processo de fusão está furioso com um de seus subordinados e diz, num ímpeto de frustração: "Eu quero esta pessoa fora daqui hoje". Antes que o cliente corra para pensar uma maneira de viabilizar o processo de saída, você como coach pode dar espaço para o cliente avaliar o que perde ou ganha ao escolher este resultado. Esta é a verificação ecológica de um resultado bem formado. Você pode chamar todas as partes do cliente para a discussão. A parte que está falando é a racional ou a impaciente e apressada, da qual o cliente pode se arrepender mais tarde?

EXPERIMENTE! Experimente

Para fazer a verificação ecológica, faça as seguintes perguntas a seu cliente:

- O que este resultado fará por você?
- Qual é o impacto nos outros ao seu redor se você for atrás do resultado?
- Qual é o ganho real para você?
- O que você aceita perder ou ganhar?
- Esta é a melhor ou única forma de atingir o resultado que você quer?

As respostas destacam sinais que alertam se um cliente está prestes a tomar uma decisão da qual se arrependerá. Então, você pode trabalhar com ele para encontrar abordagens melhores, que se encaixem em seus valores e cumpram as condições dos resultados bem formados do Capítulo 7.

Estabelecendo um local de refúgio

O coaching proporciona um espaço seguro para seus clientes escaparem das dificuldades e dos tombos da vida cotidiana e respirarem. Suas sessões podem ser o único espaço tranquilo que seus clientes tem. Saber que podem encontrar um sentimento de calma e reflexão na hora do coaching com você pode encorajá-los a reproduzir outros espaços de escape para pensar ou recarregar as baterias em outros momentos do dia.

Quando as pessoas estão passando por uma situação particularmente indesejável, tal como um conflito de família ou uma demissão, as perguntas-chave são "O que o fará mais produtivo?" e talvez até mesmo "O que fará esta transição mais divertida?" ou "Como você pode extrair um ganho real e um novo crescimento desta vez?".

Encontrando um projeto envolvente ou um hobby

Seus clientes têm talentos extraordinários e inexplorados. Encoraje-os a escolherem atividades mais inusitadas, que os retirem de sua esfera típica e os levem para lugares diferentes física ou mentalmente.

Encontrar uma atividade que muda o foco para um domínio completamente diferente liberta a criatividade. Considere *hobbies* fora do banal, como aeromodelismo, concepção de softwares livres, criar colchas de patchwork, cozinhar pratos exóticos, criar mosaicos, fazer um rap, visitar antigas rotas de trem ou explorar igrejas escondidas – qualquer coisa que pareça divertida e diferente. Considere algo com que você sonhou quando era criança e que nunca teve oportunidade de fazer, ou alguma coisa que você costumava fazer quando jovem e não faz mais.

Dando um tempo para recarregar suas energias sozinho

Vidas desarticuladas devoram uma enorme quantidade de energia. É muito benéfico desfrutar de momentos livres em suas agendas, onde não tenham qualquer compromisso. Tal como um atleta que precisa descansar para que possa dar o máximo de seu desempenho, também os mortais mais normais necessitam equilibrar descanso com esforço.

Durante as transições, os ritmos naturais das pessoas são perturbados, especialmente os padrões de sono. Uma das primeiras perguntas que faço aos clientes sob estresse é quanto tempo de sono e descanso eles estão tendo. E não quero dizer se jogar preguiçosamente no sofá em frente à TV. Um lugar sereno, relaxado e um sono tranquilo fazem uma grande diferença na capacidade de superação.

DICA

Os sonhos oferecem boas pistas para o coaching. A simples pergunta "Com o que você sonha?" pode abrir uma inesperada linha de análise.

Identificando outras pessoas com experiências parecidas

Os clientes experimentam um ganho real quando se conectam com outra pessoa que sabe exatamente o que ele está vivenciando. Esta conexão não tem a ver com aconselhamento especializado, mas simplesmente conhecer uma pessoa comum que sabe como é voltar a trabalhar após estar um tempo parado, perder uma casa, sofrer um revés de saúde, deixar uma criança em uma creche pela primeira vez ou trabalhar em um local onde ocorreu um desastre.

Reservando tempo para pensar

As pessoas precisam de tempo sozinhas para que os pensamentos borbulhem livremente e se fixem, um momento em que o mundo não está demandando nada deles.

Um executivo que conheço vai até o alto da escadaria do prédio de seu escritório para se dar tempo para pensar, longe de sua mesa. Outra cliente usa o tempo quando viaja de trem para se desligar de seu trabalho e pensar sozinha com uma delicada música de fundo em seus fones de ouvido. Outro desfruta seus momentos de tranquilidade passeando com seu velho e fiel labrador calmamente pelos campos e em contato com a natureza.

Através do coaching, as pessoas percebem que as respostas que elas buscam estão acessíveis quando se dão espaço para pensar. Encoraje seus clientes a criarem mais tempo para si mesmos além do ambiente do coaching. Os clientes precisam de tempo para ponderar algumas das questões que surgem nas sessões e explorar as grandes indagações da vida com que você os deixa.

Preparando a base com os cuidados físicos

Rituais de alimentação e exercício ficam desordenados durante momentos de transição e as pessoas esquecem o quão importantes eles são para manterem o equilíbrio. Você costuma ouvir que algumas pessoas comem demais quando estão ansiosas, enchendo-se de comida como moradores de rua famintos, embora para outros aconteça o contrário, perdem o apetite ou se esquecem de comer.

No que diz respeito aos exercícios, seus clientes podem achar difícil se comprometer a uma rotina regular quando a vida está desestabilizada – quando estão mudando de país ou emprego, no meio de uma mudança de casa ou se recuperando de um acidente.

Você pode ajudar seus clientes a encontrar maneiras saudáveis de abastecer a mente e o corpo, tanto na dieta quanto nos exercícios. Estimule-os a pensar em outras recompensas, como uma massagem ou tratamentos de unhas e cabelos, que podem fazer toda a diferença entre se sentir desleixado ou bem-cuidado (estas recomendações valem tanto para os homens quanto para as mulheres!).

Desenvolvendo uma Identidade Unificada

Enquanto os tópicos anteriores deste capítulo enfocam no reconhecimento das diversas partes da personalidade das pessoas, este tópico investiga as maneiras de se alcançar um senso de totalidade no que se refere à identidade – formas de integrar todos os pedaços e especificidades díspares para unificar a pessoa.

LEMBRE-SE

À medida que você avançar pelos tópicos a seguir, reflita sobre as situações em que sente tensão, talvez até mesmo na sua própria vida. Você pode perceber papéis conflitantes, valores que são difíceis de serem respeitados e formas inúteis de comportamento. Por exemplo, você pode ter um cliente que fale sobre um comportamento problemático que entra em conflito com outro melhor, como fumar conflitando com uma alimentação saudável; ou você pode vivenciar um *conflito de papéis*, como quando um cliente é o gerente de alguém e também seu amigo pessoal.

Integrando as partes conflitantes

EXPERIMENTE!

O exercício de integração de partes a seguir traz compreensão para o cliente que tem duas ou mais partes conflitantes entre si. Ele envolve chunking up cada parte para um nível maior de intenção. Desta forma, você pode encontrar a conexão entre as duas partes aparentemente conflitantes.

1. **Identifique claramente duas partes que estejam em conflito entre si.**

   Encoraje o cliente a usar todos os seus sentidos para identificar cada parte. Por exemplo, usando um pequeno boneco de plástico, uma imagem ou um símbolo.

   Peça a seu cliente para refletir sobre cada parte (uma de cada vez), encontrar o personagem ou símbolo que representa aquela parte e imaginar-se colocando um em cada mão. Por exemplo, eu poderia imaginar ter uma caneta que represente minha parte escritora em uma mão e um sapato de dança reluzente simbolizando meu lado festeiro na outra.

2. **Encontre a intenção positiva de cada parte separada do comportamento.**

   Comece com uma parte que pareça problemática e pergunte ao cliente: "Qual é a intenção positiva desta parte de você? O que ela quer de você?".

   Tome nota das respostas dos clientes. Com cada resposta que ele der, chunk up até a intenção positiva mais elevada, perguntando: "E quando você a tiver, o que ela fará para você?".

   Continue elevando cada vez mais até que você alcance um conceito fundamental ou pense em um ou vários valores essenciais, tais como amor, segurança, liberdade, conexão, e assim por diante.

3. **Solicite que cada parte informe à outra da sua intenção positiva.**

   Encoraje o cliente a fazer com que os personagens ou símbolos olhem e falem um com o outro. Deixe que os personagens compartilhem entre si o que precisam.

4. **Faça com que cada parte perceba que participa de um todo maior e compartilhe o mesmo alto nível de intenção, tal como se divertir ou se sentir seguro.**

   Inspire a integração dizendo ao cliente "Cada parte precisa das outras para que possa se completar. Você não está sendo flexível. Cada parte de você está atendendo às suas necessidades fundamentais".

   Permita a seu cliente bastante tempo e espaço para o processo interno que está acontecendo.

   Após alguns minutos, pergunte se qualquer parte ou qualidade precisa ser adicionada para tornar o todo completo. Se este for o caso, traga aquela qualidade para a mistura, introduzindo-a nas outras partes estabelecidas.

5. **Integre as partes.**

   Delicadamente, proponha ao cliente que suas mãos se juntem. O movimento pode ser bastante lento e cuidadoso. Depois que o cliente vir suas mãos se conectando, faça com que ele traga as partes para dentro de si, simbolicamente, trazendo suas mãos para junto do peito.

6. **Auxilie o cliente a planejar o futuro.**

   Peça ao cliente para pensar em um tempo no futuro quando um conflito em potencial pode surgir. Pergunte ao seu cliente: "Como será ter as duas partes trabalhando juntas?". Você pode esperar uma afirmação positiva de que as duas partes têm um forte entendimento das necessidades uma da outra.

   Se existirem algumas qualidades que o cliente ainda necessite depois de refletir sobre o futuro, peça que ele as identifique e as traga para dentro de si, também.

Ativando o ser integral

As pessoas que realmente assumem papéis de liderança em suas vidas demonstram *congruência*, a ideia de PNL de totalidade. Uma pessoa congruente não se divide em personagens diferentes. A pessoa que você vê no sábado está completamente à vontade com a pessoa que está trabalhando na segunda-feira, independente dos papéis diferentes que desempenha. Quando uma pessoa é *incongruente*, ela está em contradição consigo mesma. Uma luta interna é deflagrada. Em um dia você o vê agindo compassivamente, no outro ele fica com raiva do mesmo assunto.

LEMBRE-SE

Congruência envolve clareza, consistência e confiança. Você reconhece a congruência em seus clientes quando eles:

- Agem de acordo com o que dizem.
- Conhecem seus pontos fortes e fracos.
- Sabem aonde estão indo e como levar os outros com eles.
- Mantêm-se focados sem sucumbirem a distrações.
- Têm autoconsciência e sensibilidade para com os outros.

- Estão abertos a participar de conversas difíceis.
- Comportam-se de maneira consistente e confiante.
- Sabem quais são seus objetivos finais – seu verdadeiro propósito na vida.

EXPERIMENTE!

O exercício de autoavaliação a seguir revela dicas para reconhecer se todo o ser está sendo levado em conta. Use-o para abrir uma conversa sobre a possibilidade de uma parte do cliente não estar alinhada com o todo de modo que você possa revisar novas possibilidades.

Em uma escala de 0 a 10 (onde 0 é o mais baixo e 10 o mais alto), avalie a si mesmo nas afirmações a seguir:

- Eu sei porque estou fazendo o que estou fazendo.
- Eu sinto que sou confiante e consistente nas minhas atividades.
- Eu sei quais são meus pontos fortes e onde preciso da ajuda de outras pessoas.
- Eu sei como perguntar aos outros o que eles querem.
- Eu me mantenho focado quanto aonde quero chegar mesmo que enfrente tempos difíceis.

Investigue as áreas com pontuações baixas e peça a seu cliente para investigar aquilo que o está impedindo de obter resultados melhores. Estas afirmações são bons assuntos para serem trazidos para o coaching para determinar mudanças que o cliente quer fazer.

Mantendo um diário

O coaching coloca os clientes em um caminho de autodescoberta que se desenvolve com a presença do coach como um aliado de confiança ao longo do caminho. Nas palavras de Joseph Campbell, eles estão na Jornada do Herói. Ao se inscreverem para um coaching, os clientes tomam aquele corajoso primeiro passo no limiar entre dois mundos. No entanto, muitas jornadas avançam tão rapidamente que os marcos principais se perdem ao longo do caminho.

Peça ao cliente que escreva regularmente em um caderno. Isto possibilita uma maneira de prestar maior atenção à jornada que empreendem durante o coaching. Muitas vezes as pessoas deixam de olhar para trás e ver o quão longe chegaram.

Nas páginas de um diário, você pode anotar informações práticas – objetivos, perguntas, ações, sucessos e desafios. Contudo, um papel ainda mais eficaz para esta atividade é manter espaços em branco entre as sessões de coaching para que os clientes se permitam pensamentos em uma perspectiva livre. Nestes momentos, o diário se torna uma conversa aberta consigo mesmo.

Manter um diário envolve, simplesmente, anotar pensamentos. A escrita não é atraente de imediato para todos como instrumento de observação de experiências. Muitas pessoas se sentem bloqueadas quando confrontadas com uma página em branco de um novo diário, porque acreditam que não são boas o bastante para serem escritores. Da mesma forma, pessoas que não se acham artistas evitam desenhar ou até mesmo rabiscar por medo de mostrar seu trabalho em público. Lembre aos clientes relutantes que escritores e artistas aprimoram seu trabalho a partir das primeiras tentativas básicas. A produção criativa não tem a ver com perfeição ou julgamento da parte de ninguém.

Entre em qualquer papelaria ou livraria e você encontrará uma maravilhosa variedade de cadernos e canetas. Peça a seus clientes para escolherem os mais interessantes que encontrarem e encoraje-os a escrever à mão livre qualquer coisa que lhes ocorra entre as sessões, sobre os assuntos e perguntas que surgirem. Eles também podem gostar de ilustrar suas ideias. A ação física de conectar caneta com papel – mais do que dedos com teclado, telefone ou tela – oferece uma agradável maneira de explorar sua criatividade e apreender as lições ao longo do caminho.

DICA

Manter um diário funciona melhor se for feito como um hábito regular. Reserve um momento do dia para escrever, ao acordar ou antes de ir para a cama.

Ressignificando a Situação

É possível que você já tenha ouvido a famosa história contada nos meios de PNL sobre o terapeuta Milton Erickson. Ao se deparar com um paciente em um hospital psiquiátrico que estava sob o delírio de que ele (o paciente) era Jesus Cristo, Erickson teria dito ao paciente que era bom encontrar um carpinteiro e colocou-o para trabalhar consertando o edifício do hospital.

LEMBRE-SE

Nesta interação, Erickson mudou para a perspectiva "*hipotética*", portando-se como se as percepções do cliente fossem verdadeiras. Fazendo isso, ele na verdade ajudou o paciente a retornar à sanidade. No contexto da instituição, o cliente é louco; no contexto das próprias crenças do cliente, ele é um carpinteiro chamado Jesus.

A PNL sugere que o significado de qualquer interação depende do contexto, então, ao desafiar o contexto você pode mudar o significado. Pense sobre o seguinte: em um sistema político, uma pessoa pode ser considerada herói por matar outra pessoa, enquanto que em outro ele pode ser punido como vilão. Em uma organização, certos comportamentos são esperados, em outra eles são olhados com desdém. Uma pessoa reclama sobre uma perna que dói, enquanto outra está feliz por ter pernas para levantar da cama pela manhã.

Esta ideia de *ressignificação* envolve criar uma nova perspectiva ou contexto acerca daquilo que se está trabalhando para mudar o modo como você pensa e vivencia a situação. Os tópicos seguintes tratam dos aspectos-chave de ressignificação que podem ser utilizados com os clientes.

Adotando diversas perspectivas

Existem muitas perspectivas que oferecem um senso de estrutura às experiências de seus clientes. Algumas perspectivas típicas que você adota em suas conversas de coaching incluem as seguintes:

- **Perspectiva hipotéticas** permite que as pessoas explorem opções futuras como se elas já estivessem acontecendo. O que você pode dizer aqui é: "Vamos agir *como se* já tivéssemos alcançado seu objetivo e você olhasse para trás para ver o que fez para chegar lá".
- **Perspectiva de contraste** compara duas experiências diferentes e possibilita que o cliente descubra coisas novas ao procurar pelas diferenças. Para usar esta perspectiva, você poderia perguntar: "O que fez a diferença lá que poderia realmente ajudá-lo agora?"

- **Perspectiva de retrospectiva** enfoca aquilo que você acabou de ouvir de seu cliente para esclarecer uma situação. Você poderia dizer: "Se eu puder repetir isso para você, isto é o que está acontecendo, para resumir...".
- **Perspectiva de resultado** desvia a atenção para o que é desejável ao invés de se manter envolvido pelo problema. Fundamente suas perguntas no processo dos resultados bem formados do Capítulo 7, especialmente "O que você quer?" e "O que isto fará para você?".

Ressignificação em seis passos

Este tópico examina o clássico exercício de Ressignificação em Seis Passos de PNL para mudar o comportamento que não está congruente com o resto da pessoa. Na perspectiva de seis passos, você trabalha com seu cliente para encontrar formas criativas de mudar este comportamento acessando uma parte dele que sabe inconscientemente o que precisa acontecer.

1. **Identifique um comportamento problemático.**

   Obtenha uma imagem clara do que o cliente quer mudar.

   Alguns exemplos de incongruência com o todo incluem comportamentos inapropriados com outras pessoas, com dinheiro, com álcool, comida e drogas. Você pode usar este exercício para tratar de sintomas físicos indesejáveis como dores de cabeça e envolver a mente inconsciente na cura.

2. **Ajude o cliente a se conectar com a parte dele mesmo responsável pelo problema de comportamento e encontrar a intenção positiva.** Normalmente, uma parte é responsável, mas se houver várias, trate-as como um grupo responsável.

   Peça a seu cliente para "Entrar e cumprimentar a parte de você que é responsável por este comportamento. Faça isso sem nenhuma culpa ou crítica a esta parte – faça-a se sentir bem-vinda em se apresentar".

   Permita que seu cliente encontre e se conecte com a parte responsável. Durante esta etapa do processo, ele pode ouvir um som, ver uma imagem ou experimentar uma sensação associada àquele comportamento. Por exemplo, o cliente pode ouvir um som estridente, ver a imagem de uma montanha ou sentir uma agitação no estômago.

Após conectar-se com a parte responsável, peça ao cliente para agradecer a ela por responder.

Peça para ele perguntar à parte: "Qual é sua intenção positiva para mim?". Espere ouvir respostas tais como "me protege", "me mantém ocupado", e assim por diante.

Depois que o cliente responder, continue a fazer testes, perguntando: "O que isso faz para você?". Continue até que você chegue a um conceito fundamental ou valor essencial como amor, segurança, conexão e paz. Consulte o exercício do tópico anterior "Integrando partes conflitantes".)

3. **Chame a parte criativa do cérebro de seu cliente para a ação.**

   Peça a seu cliente para encontrar três maneiras positivas nas quais ele possa alcançar a mesma intenção positiva.

   Neste ponto, o cliente pode não ser capaz de articular em voz alta quais são as três maneiras. Se isso acontecer, diga a ele que não há problema em ter esta informação em um nível inconsciente, mesmo que ele não consiga articular isso em palavras.

4. **Chegue a um acordo sobre novos comportamentos.**

   Peça a seu cliente para ter uma conversa interna e fazer com que a parte de intenção positiva se comprometa em executar estas novas ações criativas.

5. **Planeje para o futuro.**

   Peça ao cliente para visualizar um momento no futuro com as coisas diferentes. Faça com que pense em uma tela imaginária onde assiste a um filme em que apareça executando o novo comportamento. Como o novo comportamento é sentido? O cliente precisa fazer alguma mudança adicional para conseguir executar o novo comportamento?

   Se o cliente não articular três comportamentos específicos no Passo 3, ele não se verá fazendo qualquer coisa na tela. Em vez disso, libere-o com uma sensação de que pode confiar em sua mente inconsciente para guiá-lo nos novos comportamentos.

6. **Faça uma verificação ecológica.**

   Como uma checagem final, peça a seu cliente que "Retorne ao seu íntimo e verifique se qualquer outra parte de você não está feliz com estes novos comportamentos".

   Se o cliente encontrar alguma objeção, identifique a parte ou as partes responsáveis e volte ao Passo 2, trabalhando o restante do exercício.

MegaKit
Inglês
PARA
LEIGOS
MegaKit
Francês
PARA
LEIGOS
Álgebra
Linear
PARA
LEIGOS
MegaKit
Cálculo
PARA
LEIGOS

Violão
PARA
LEIGOS
Cozinha
Básica
PARA
LEIGOS
Os Gregos
Antigos
PARA
LEIGOS